HISTOIRES
DU PLAISIR D'EXISTER

DU MÊME AUTEUR

Aux éditions Robert Laffont

Le Cœur dans sa gousse.
Julienne et la rivière.
Blaise Menil mains-de-menthe.
Nicolas Gayoûle.
Les Gestes du commencement.
Celui qui oublie où conduit le chemin.
Le Ravissement.
L'Éternel Fiancé.

Aux éditions Seghers

LES MATINS DU MONDE

Les Aubes sauvages/1
Les Aubes sauvages/2
Les Naissances de la femme/3

Aux éditions Julliard

L'Amour en eaux dormantes.

JEAN-PIERRE OTTE

HISTOIRES DU PLAISIR D'EXISTER

ÉDITIONS JULLIARD
24, avenue Marceau
75008 Paris

ISBN 2-260-01425-6

La parole est moitié à celuy qui parle,
moitié à celuy qui escoute.

MONTAIGNE

NOTE DE L'ÉDITEUR

Nous rassemblons ici les histoires que Jean-Pierre Otte commença de raconter à partir des années quatre-vingt, seul en scène ou le plus souvent accompagné par un contrebassiste à l'archet.

La plupart de ces récits, inspirés par des faits réels, furent d'abord des improvisations, sans cesse reprises et développées. Ils reconstituent un itinéraire passant par le labyrinthe des aventures personnelles, alliant les « fêtes et fureurs » du désir amoureux à la campagne, pour aboutir aux mythologies du monde.

Pour Marie-Lise
et Marie-Alice :

*La langue est un poisson rouge
dans le bocal de la voix.*

I

HISTOIRES
DU PLAISIR D'EXISTER

Une pierre dans mon jardin

C'était un soir de l'hiver dernier. Il avait neigé toute la journée ; une épaisse couche de neige couvrait la campagne dans la nuit noire. Nous étions installés, ma femme et moi, près de l'âtre, occupés à lire. Tout à coup, on frappe. Je relève la tête du livre où j'étais enlisé : qui cela peut-il être par cette nuit, par cette neige ?

Je me lève, je vais ouvrir. Il y a un grand gaillard avec une tête bouclée de berger, qui sort de l'ombre et me dit :

— Vous êtes l'auteur du *Cœur dans sa gousse* ? J'ai fait tout ce chemin par cette nuit et par cette neige à seule fin de vous parler ; je peux entrer ?

Je suis confus de ne pas le lui avoir proposé le premier. Je me méfie pourtant, comme de la peste, de ces gens qui veulent me parler à tout prix, et qui n'en finissent pas de m'entretenir de leurs problèmes et de leurs projets.

Lui, il secoue la neige qu'il a sur les chaussures et sur le blouson. Pour le mettre à l'aise, je dis :

— Ne vous en faites pas. Après tout, ce n'est que de l'eau, on nettoiera.

Il regarde autour de lui comme s'il cherchait quelque chose.

Il salue à peine ma femme, et se précipite vers l'âtre. Il frissonne, se frotte les bras, et finit par se retourner vers nous :

— Vous ne pourriez pas y jeter un autre fagot ?

Je m'empresse. Je jette un autre fagot et le feu s'en empare avec un mouvement animal et une morsure d'or. Il se sent visiblement mieux.

— Vous avez soupé ?

— Non, et je me mettrais volontiers quelque chose sous la dent.

Ma femme lui propose un reste de potée aux poireaux et un morceau de saucisse. Il la regarde, comme s'il attendait la suite. Prise de court, elle propose une soupe aux lentilles et aux lardons. Il prendra la soupe aux lentilles et aux lardons, le « reste » de potée aux poireaux et le morceau de saucisse ; enfin, si nous avions un peu de fromage...

— Et comme boisson ? dis-je.

— Qu'est-ce que vous avez ?

— Vin rouge, vin blanc. Vin-tabac-liqueurs, quoi.

Il choisit une bonne bière avec la potée aux poireaux et une petite chartreuse pour bien digérer.

On s'éclipse à la cuisine, ma femme et moi. On lui mijote tout cela et on vient le servir comme un roi. Il se met à manger lentement, longuement, en mâchant bien, sans avoir l'air de se délecter particulièrement de rien. Mais, maintenant qu'il a quelque chose dans le ventre, il tient à converser.

Il me fait des compliments sur *Le Cœur dans sa gousse.* Il a retenu deux phrases importantes. La première est : « Il s'agit d'habiter un lieu qui corresponde à ce qui nous habite. » La seconde, c'est lorsque Colin et Mellie sont en fuite dans la fagne enneigée ; Colin prend le visage de Mellie entre les doigts et lui souffle : « Je n'ai plus de rivière que par toi. » C'est exactement le genre de phrase qui le fait frissonner. Il se retourne vers ma femme, heureux de rencontrer en chair et en os — et il insiste : en chair et en os — celle qui a servi de modèle au personnage de Mellie.

Il tient à présent à parler de lui. Il passe très rapidement sur les vicissitudes de la vie qui l'ont obligé à mille métiers ingrats, pour aborder tout de suite le plus remarquable. Il y a quelque temps, il tombe sur un texte d'Henry Michaux : *La Ralentie.* C'est un texte qui lui parle à travers la tête, à travers tout le corps. Il décide de le monter en spectacle, seul en scène. À Paris, il obtient un article dithyrambique dans *Le Monde* ; on est même obligé de poursuivre les représentations. Maintenant il est en quête d'autre chose, d'un autre mode d'expression qui convienne mieux à ses préoccupations. Il a bien pensé à l'écriture, au cinéma, à la peinture d'après nature. Plus question, spécifie-t-il — mais est-il besoin de le spécifier ? — de faire des concessions.

— Il est tard, dit-il.

On regarde tous les trois la nuit collée contre le carreau.

— Il faut que je m'en aille...

— Mais où irez-vous ? Il n'y a plus de train dans la vallée.

— Écoutez, cher monsieur Otte, j'ai l'habitude et je me débrouillerai.

— Ah, je dis, non, on ne peut pas vous laisser partir comme ça. Vous logerez ici, et demain vous repartirez à la première heure.

Il accepte : uniquement pour nous faire plaisir et pour ne pas nous inquiéter inutilement.

Je lui montre sa chambre. C'était, ma foi, rudimentaire : un lit militaire, un lavabo, une petite armoire. Je dis :

— C'est tout ce que nous avons à vous offrir.

Il regarde, par-dessus mon épaule, dans notre chambre.

— Enfin, dit-il, à la guerre comme à la guerre.

On se met au lit, ma femme et moi. Collés l'un contre l'autre, on écoute la rumeur du vent dans les arbres. Et même, on dirait que la maison brise ses amarres et se met à flotter au-dessus du paysage.

Tout à coup, à côté, il y a un branle-bas incroyable. Déménagerait-il les meubles ? Je saute comme une carpe. Qu'est-ce qu'il peut bien foutre ? Le branle-bas dure encore un moment, puis s'arrête d'un coup net, et je pense : il s'est endormi comme une pierre.

Le lendemain, on se lève tôt, ma femme et moi. Après un petit déjeuner rituel, œufs à la coque et confiture d'oranges, on s'attache chacun à son travail d'écriture.

Il se lève à midi, de fort méchante humeur. Étant donné l'heure qu'il est, on aurait tout de même pu songer à le réveiller. Je propose du café. Avec du lait, du sucre ?

— Toujours noir, dit-il.

Si nous n'y voyons pas d'inconvénient, il se lavera là, devant l'âtre, mais surtout qu'on ne s'occupe de rien ; il tient absolument à tout faire lui-même.

D'abord, il va chercher une grande bassine ; il la dispose. Il s'éclipse à la cuisine, fait bouillir trois ou quatre marmites d'eau, vient les verser dedans, au milieu des volutes de vapeur. Il s'éclipse de nouveau, revient avec de l'eau froide : il tempère.

D'un coup il fut nu. Comme un grand saint Jean-

Baptiste sortant du Jourdain. Il retira son chandail dans un glissement électrique, ses pantalons, et dans un glissement rouge, comme quelques pétales de glaïeul, son caleçon. D'un geste distrait, il se gratta dans ce creux moussu entre les jambes, en nous regardant, mais, je tiens à le préciser, sans nous narguer.

Il entra alors dans l'eau, un pied, puis l'autre, en réprimant à chaque fois un petit frémissement très féminin. Il s'accroupit, lentement, laissa la langue chaude de l'eau lui lécher les fesses, avant de s'accroupir tout à fait, comme un gourou dans une sorte de méditation transcendentale. Et il resta là longuement. Vous comprenez bien que ma femme et moi, nous avions toutes les peines du monde à nous concentrer sur notre travail.

À ce moment-là, on frappe. C'est sûrement la bonne Mme Laborie, qui vient nous apporter une botte de poireaux, quelques œufs de ses poules. Je sors le museau. Effectivement : « Bonjour, madame Laborie !... » À mon air, elle devine bien qu'il se passe quelque chose d'exceptionnel. Je recueille les poireaux et les œufs. « Au revoir, madame Laborie. » Je la regarde s'éloigner, et elle se retourne deux fois.

Quand je rentre dans la pièce, il a saisi la savonnette : une petite grenouille blanche. Il la fait sautiller entre les doigts ; la mousse lui monte dans les bras, les épaules, les omoplates ; il se couvre d'une toison de brebis. Il se rince. De nouveau la mousse sur les bras, les épaules, la toison de brebis. Puis il se lève à grandes éclaboussures d'eau et se met à s'essuyer avec un essuie-bain râpeux qui lui fait luire la peau.

Il décide de ne pas se rhabiller tout de suite. Il circule entre nous deux, vient se poster à la fenêtre. Du bout des doigts il frotte la buée contre le carreau ; il regarde dehors le paysage enneigé. Et, soit dit en passant, il compose un excellent tableau de primitif flamand qui pourrait s'intituler : *Jeune homme nu de dos à la fenêtre.*

Il commence à jouer un jeu dangereux qu'il va adroitement développer dans les jours suivants.

D'abord, il préfère sortir seul en promenade avec moi, prétextant que ma femme pourrait prendre froid. En revanche, il passe des heures entières à la cuisine avec elle, à me mijoter des mets succulents, mais surtout à lui faire part de son inquiétude de me voir m'enfoncer dans un travail d'écriture, qui finira sans doute en impasse. Bientôt, nous n'eûmes plus l'un de l'autre de nouvelles que par lui.

Ma femme montait se coucher tôt. Je restais avec lui près de l'âtre. Je ne peux nier que je passais là quelques soirées fructueuses, car il parlait bien, avec passion, de choses que je connaissais à peine : les idées de Buckminster Fuller sur l'Université américaine et un livre, *Silence* de John Cage.

Enfin, il m'entretint de tout à fait autre chose. Étant donné la dictature qu'il exerçait immanquablement sur toutes les sensibilités féminines, il avait cru bon de se protéger. Il portait continûment sur lui une boîte de Durex-Plus. La Durex-Plus, me précisa-t-il, a le bout renforcé, peut subir une extraordinaire extension et contenir jusqu'à cinq litres d'eau ; enfin, selon Calet, « son élasticité n'altère en rien la sensibilité naturelle ».

Dans les jours qui suivirent, j'échangeais de plus en plus souvent avec ma femme de ces paroles blessantes qui viennent à la bouche et qu'on regrette amèrement par la suite. J'eus avec elle une si violente dispute que je résolus de sortir. « Je t'accompagne, dit-il. — Ah, je dis non ; toi, justement, tu restes là. » Et je m'enfonçai dans la neige.

J'ai toujours tout résolu dans ces promenades en solitaire. Non point en considérant le problème qui me préoccupait sous tous les angles, mais plutôt en n'y songeant plus et en me rendant le plus présent possible à ce qui se passait autour de moi. Rappelez-vous, c'était la neige, les rafales de vent furieux, les arbres dépouillés, le vol lent des oiseaux, et la pierre du ciel, d'un bleu minéral, qui flottait au-dessus de l'immensité blanche.

Je rentrai à la nuit tombante, et les trouvai inquiets. Je dis à ma femme :

— Prépare-nous un repas qui sera le dernier repas que nous prendrons ensemble. Suite à quoi, lui, il se lèvera, sans faire plus de bruit qu'il ne faut, et disparaîtra comme il nous est apparu le premier soir...

Ma femme fit ce repas. On le prit de façon cordiale. Et moi, je l'interrogeais encore un peu sur ces idées comprises dans *Silence* de John Cage. Après le repas, il se leva, sans faire plus de bruit qu'il ne faut, et il disparut dans la nuit.

Quelques jours plus tard, nous recevions une lettre dans laquelle il nous réclamait une kyrielle de choses qu'il avait, semble-t-il, oubliées chez nous. Il y avait des chemises, des chaussures, des chandails... et une véritable bibliothèque portative, parmi laquelle, si je me souviens bien, les *Œuvres complètes* de saint Jean de la Croix et les *Mémoires d'un touriste,* le tome II, de Stendhal.

Je ne répondis évidemment pas à cette lettre, et, jusqu'à ce jour, nous sommes sans nouvelles de lui.

Celui qui avait épousé les trois sœurs

Il y a quelques années, en fin de journée, on pouvait rencontrer Alban B. dans presque tous les cafés situés à Cahors le long du grand boulevard Gambetta. Au Tivoli, au Café du Palais, et, le plus couramment, au Bordeaux, en haut de la ville, près de la préfecture.

Alban arrivait hors d'haleine, comme s'il était convenu là d'un rendez-vous. Il entrait sans regarder personne, s'asseyait à une table animée, prenait pour lui une menthe à l'eau, aimant ce goût, confiait-il, qui glaçait l'haleine, la rendait presque transparente.

Continuellement il racontait la même histoire. Les mots s'étaient gravés dans le vernis noir d'un microsillon, et s'élevait à chaque fois une voix monocorde, éperdue, étrange.

Ainsi commençait-il toujours :

— Dieu vous préserve, et à jamais, d'épouser les trois sœurs !...

Ensuite, dans sa barbe peu fournie, il marmonnait quelques répliques apprises par cœur dans Tchekhov : « Pourquoi êtes-vous en noir ? Je porte le deuil de ma vie, je suis malheureuse. »

J'avais fait connaissance de l'aînée d'une manière inattendue, extravagante.

Marianne arborait, arbore encore, une chevelure rousse et abondante. Sa peau blanche est délicieusement mouchetée de taches de son et d'éphélides. J'avais été ébloui sur-le-champ.

Elle était descendue aux bains-douches, et je l'avais suivie sans comprendre ce qui m'emportait. Elle était entrée dans une cabine sans se retourner une seule fois et — je vous prie de penser qu'il ne s'agissait pas là d'une fâcheuse habitude — j'avais poussé derrière elle le verrou extérieur — les cabines à Cahors, curieusement, en sont pourvues. Quel démon s'était emparé de moi ?

J'avais collé mon visage contre la porte à l'écoute des moindres sons. Heureusement, il ne vint personne. Il est toujours désobligeant d'être découvert en pareille posture et d'être obligé de donner des explications.

Sous l'emprise d'un ravissement extrême, j'entendais l'eau ruisseler sur la peau nue. Un bruit très particulier, comme une petite pluie sur un parterre de fleurs.

L'eau cessa de jaillir du pommeau, et il y eut un long écoulement durant lequel je retrouvai ma présence d'esprit.

Elle voulut sortir et constata que la porte était close.

— Ouvrez-moi, cria-t-elle.

Puis, comme je ne disais rien :

— Il y a quelqu'un ?

Devinant intuitivement qu'il ne convenait pas avec moi de lever le ton, mais, au contraire, de me prendre par les bons sentiments, elle ajouta doucement :

— Je sais que vous êtes là, je vous entends respirer... Ouvrez-moi, je vous en prie.

Quelle ineffable impression de la savoir en mon bon pouvoir, nue et ruisselante dans la cabine étroite, emperlée de gouttes d'eau.

S'imaginant peut-être qu'il s'agissait d'une plaisanterie d'enfant, elle me parla comme on s'adresse à un petit garçon en culottes courtes :

— Tu es là, allez, sois gentil, va chercher ton papa...

Je me sentis rougir jusqu'aux oreilles.

Elle changea encore de ton :

— Écoutez, soyez raisonnable, je ne peux rester ici indéfiniment. Je vais crier. On accourra. Vous serez pris en flagrant délit. Cette histoire n'a que trop duré.

Je m'entendis dire :

— Je vous ouvre, mais à une condition...

— Et quelle est cette condition ?

— Vous êtes la femme de ma vie, dis-je. Épousez-moi, accordez-moi votre main.

Et je retirai le verrou.

Elle entrouvrit la porte de la cabine prudemment, examinant l'image que je pouvais offrir en ce temps-là : une allure pitoyable de vieux garçon, des vêtements râpés et taillés trop court, un visage émacié, des yeux de mésange et une barbe peu fournie.

À ma surprise, à ma stupeur, elle me sourit et déclara :

— Eh bien, voici ma main...

Quelques mois s'écoulèrent dans un bonheur sans mélange. L'épouse était devenue une sœur.

C'était presque un inceste de toucher ses petits seins émaillés de taches de rousseur. Marianne ne cessait d'être douce, prévenante, avec pourtant un feu caché.

Quelques livres lui tombèrent entre les mains. J'allais ajouter inopinément, mais je sais aujourd'hui qu'il n'y a pas de hasard, ou, si vous préférez, qu'il n'y a que des hasards. Elle dévora Rosa Luxembourg, Flora Tristan, *Le Deuxième Sexe* de Simone de Beauvoir, et le feu se déclara.

La maison devint le lieu d'assemblées de femmes dignes des meilleures pages d'Aristophane.

Pour elles, je n'étais qu'un sale mâle, oppresseur, tyran malgré lui, et victime. Je servais le thé et les gâteaux, sur la pointe des pieds. Je me retirais dans la cuisine, jouais à nouer et dénouer mes doigts. J'allumais la radio et, d'une oreille distraite, j'écoutais les potins épouvantables de la comète.

Je me réfugiai chez la deuxième sœur.

Sabine vivait dans un vaste appartement aux parquets cirés, craquant sous le moindre pas.

Elle répétait, pour un concert qu'elle ne donnerait jamais, les *Suites* de Bach pour violoncelle. On sait que ces *Suites* sont splendides. Mais lorsqu'une jeune femme s'escrime sur ces *Suites,* les apprend, les reprend, hésite, les reprend encore, comme les mailles d'un tricot qui s'effiloche, alors tout devient infernal, insoutenable.

Les longs cheveux de Sabine — vous ai-je dit qu'elle avait les plus beaux cheveux ? — finissaient par s'enrouler aux cordes du violoncelle, l'entraîner par le fond, comme un voilier pris dans un filet d'algues — c'est du moins la vision que j'avais en la regardant étirer son archet.

En fin de jour, Sabine posait son instrument et se levait sous le coup d'une subite inspiration, le visage presque irradié. Elle sortait dans le couloir. Quelques instants plus tard, j'entendais les bouillons d'eau chaude rouler dans la baignoire.

Moi, j'attendais. Sans penser à rien de précis. Calmement, placidement, les mains posées sur les genoux. J'attendais... qu'elle m'appelle. La lumière entrait par la fenêtre et dessinait un grand losange doré sur le plancher.

Tout à coup, elle m'appelait.

Je me levais. Je sentais que je me levais. Comme un automate domestique. J'entrouvrais la porte de la salle de bains. Souffle retenu. Le sang palpitait dans mon cou.

Je la trouvais dans la baignoire, enfouie sous une euphorie de bulles. Elle me demandait de lui laver le dos, sur le ton le plus naturel.

Oh ! elle avait un dos splendide. D'une étonnante et mate blancheur. Je l'effleurais... Je tremblais au-dedans de moi. C'était comme de la neige. Je faisais mousser le savon, et tout son corps devenait le corps d'un grand poisson.

— Cela suffit maintenant !

Il ne seyait pas que j'y prisse plus de plaisir. Je tendais devant elle un grand essuie-bain. « N'en profite pas pour me regarder... » Je sentais ces formes de femme s'envelopper dans le tissu éponge. Elle me permettait de lui frotter les épaules, les hanches, le long des jambes. « Oh ! doucement, si tu veux bien... »

Nous dormions ensemble. Mais comme carme et carmélite.

Couché près d'elle, j'éprouvais le besoin de parler, de dire des choses tendres. Mais Sabine se tournait sur le côté, et d'un souffle profond s'endormait.

Alors la musique revenait dans la chambre, grave, déchirante. Je finissais par grincer des dents. Cela réveillait Sabine, qui me secouait brutalement, et je me retrouvais, assis au milieu du lit, hébété.

Je me recouchais et m'efforçais de ne plus bouger. Je devenais de plus en plus nerveux. La musique mathématique de Bach crissait comme du sable entre mes dents.

Un médecin, notre médecin de famille, me convia à prendre du repos, à me changer les idées. Je passai mes loisirs au bord de la mer, avec la cadette.

Babeth était mince, agile et glissante comme une anguille. Elle aimait la cuisine macrobiotique, les collections de chouettes, les gadgets, les mobiles, la danse jusqu'à l'aube. J'étais dérouté par tant d'excentricité, par tant d'énergie, son jogging, son yoga, ses caprices, ses sautes d'humeur, ses idées folles. Elle restait énigmatique. Une créature de rêve sortie pour moi d'un magazine de mode.

Nous nous allongions à proximité des flots sur le sable brûlant. C'était la plage : familles, parasols, transistors.

Étendue à mon côté, elle était une petite chose fragile, exposée à la cruauté du monde, et je me sentais désormais un instinct de protecteur et de champion.

— Babeth... Babeth...

— Oui, faisait-elle sans tourner la tête, mais une contrainte intérieure, la timidité ou dieu sait quoi, m'empêchait de me déclarer.

Une fin de jour, nous étions sur la plage. La rumeur de la mer se faisait plus lointaine. Déjà les gens repliaient leurs transatlantiques et s'en allaient. Je la crus endormie. Je voulus l'effleurer, du bout des doigts, pour m'assurer qu'il ne s'agissait pas d'un mirage. Mes pauvres amis, je fus mordu à la main, comme par une piqûre d'oursin !

Alban s'interrompait alors, buvait lentement sa menthe à l'eau, avant de conclure :

Aujourd'hui les trois sœurs vivent ensemble et, croyez-moi, il est bien qu'il en soit ainsi.

Le dimanche matin, je me lève, je me lave et me rase, un parfum au vétiver sous les bras. Je mets ma chemise hawaiienne, des mocassins sport, ma veste à carreaux bleus avec un pin's à la boutonnière. Je me sens, comment dire ?... irrésistible.

Je traverse ainsi la ville avec l'air de celui qui est libre de ses mouvements et qui a tout son temps.

Je voudrais me présenter devant elles, les couvrir de compliments, bavarder agréablement de choses et d'autres.

Marianne organise toujours des meetings féminins, Sabine s'escrime encore avec son archet, quant à Babeth, elle a aménagé les chambres, m'a-t-on dit, avec un mobilier léger à la japonaise.

Mais, sur le seuil de la demeure où elles vivent à présent, je me sens gelé, paralysé. Un mouvement de panique s'empare de tous mes membres. Je tourne sur moi-même et à la première venue, dans la rue, je déclare :

— C'est moi, comme le merle à la saison des amours, j'ai mis mes plus beaux atours...

Elle me regarde, stupéfaite, sans comprendre, mais je vois bien aussi qu'elle attend de moi autre chose, quelques mots que je ne me décide pas à prononcer, et je passe mon chemin. Dieu vous préserve d'épouser les trois sœurs !...

Anton !... Anton !...

Un soir, au téléphone, une voix grêle, voilée, me parvint d'un autre monde.

— Accepteriez-vous de parler...

J'avais accepté.

Depuis plusieurs mois nous étions dans la dèche, sans qu'aucune éclaircie s'annonçât à l'horizon. Il semblait que la Providence et les possibilités de crédit nous avaient rayés définitivement de leurs registres. Cette conférence était une aubaine qui n'était plus même espérée. C'était tout à la fois la promesse d'un bon repas, un cachet, peut-être une femme[1] à la sortie et quelques livres vendus : rien que d'agréables bénéfices. Et quelques battements d'ailes pour me remettre en train.

Je devins sur-le-champ lyrique et capitan, exaltant au creux du cornet, à l'attention de mon interlocuteur lointain, le plaisir de prendre la parole. Le plaisir des mots qui se forment dans l'obscurité rougeâtre de la bouche, au fil du souffle, au toucher des gencives, des papilles qui s'éveillent, de la langue qui se love, et du corps tout entier qui consonne et converge vers la lisière des lèvres.

---

1. Une admiratrice aimantée, en quête d'initiation littéraire, et plus si affinités.

Les routes étaient encombrées de neige et de glace. Je résolus de prendre l'un de ces bus jaunes, somnambules, qui quittent la ville alors qu'il fait encore nuit, emportant dans leur espace éclairé une cargaison d'ombres hébétées, au rythme ronronnant d'un moteur diesel à hélice et des portes s'ouvrant pour accueillir d'autres voyageurs.

Je trouvai une place contre une vitre, aussitôt gagné par la rumeur du moteur, l'air chaud, le mouvement des essuie-glace battant comme des bras de métronome.

À l'arrêt suivant, une femme monta, encore emplie de sommeil, le visage pâle, les cheveux flous. Elle aperçut la place à côté de la mienne et vint s'y asseoir promptement. Le bus repartit à grandes éclaboussures de neige fondante. Et je repris ma dérive sur les paysages fantomatiques qui défilaient.

Doucement je sentis la femme à mon côté peser sur moi de tout son poids. Sa respiration fluait paisiblement. Je tournai un peu la tête pour constater qu'elle s'était assoupie. Je n'osais bouger de peur de briser le ravissement.

Elle s'abandonna contre mon bras, appuya la tête sur mon épaule, en cherchant le creux. Un parfum de jacinthe s'exhalait de ses cheveux noirs et épais...

Progressivement je fus enlevé par une espèce de rêve éveillé. Ou mieux, par une de ces élaborations aux lisières du sensible que les écrivains connaissent à des instants privilégiés, et qui leur font voir, de façon impromptue, avec une étonnante perfection, des récits qu'ils auront ensuite toutes les peines du monde à mener à bien.

Ainsi, je marchais dans les rues d'une ville étrangère, Bratislava, Budapest ou Cracovie. J'étais petit professeur de musique, ne préférant rien d'autre, dans l'existence, que d'exécuter la *Suite pour violon seul* de Béla Bartók.

J'avançais sans empressement, occupé à respirer l'odeur de l'été dans la ville, lorsque, surgissant d'une rue adjacente, une femme, belle, charnelle, furieuse et sans raffinement, se précipita sur moi et s'agriffa à mes vêtements.

— Te voilà, enfin ! Où as-tu la tête, mon pauvre Anton ?... Non, je t'en prie, ne cherche pas à te disculper !...

Elena m'entraîna à l'intérieur d'une maison dotée d'un portique imposant et de vitraux. Un escalier de marbre blanc aboutissait à des salons vastes, assombris, silencieux, auxquels les meubles recouverts de housses conféraient un aspect spectral et dérobé.

On parvint à une mansarde où bouillait une cuve d'eau dégageant d'épaisses vapeurs.

Elena me retira mes vêtements rapidement, me signifia d'entrer dans l'eau, et se mit à me frotter sans ménagement avec une brosse et un savon au parfum de fougère.

Ensuite, elle me tira du bain, m'essuya, me passa un habit à queue d'hirondelle, noir comme les touches d'un piano, un peu lustré, et qui, je le lui dis, sentait le poisson.

— Au diable cette odeur de poisson ! Mon cher Anton, où as-tu la tête pour t'attarder à des détails si ordinaires ?...

Tout se déroula très vite.

Sous le portique, un cortège nous attendait. Les hommes portaient le même habit à queue d'hirondelle, les femmes des robes d'opéra. On se dirigea vers l'église. Sans plus tarder. Le prêtre nous accueillit sur le parvis. Les cloches sonnèrent à toute volée. Quelques instants plus tard, selon la formule consacrée, nous étions unis pour le meilleur et pour le pire.

Nous posâmes pour l'éternité devant l'œil de verre et les plaques sensibles d'un appareil photographique à soufflet.

La noce se dirigea vers un parc où l'on avait aménagé la table du banquet. Des lampions étaient accrochés aux branches. Sur le kiosque, un orchestre tsigane se préparait à jouer *L'Alouette*. Deux petites filles cherchaient à percer le secret de Polichinelle et dansaient, sorties d'une boîte à musique.

Je demandai le silence.

Étant donné les circonstances et la place prépondérante que je tenais au sein de cette cérémonie, je n'eus aucune difficulté à l'obtenir.

— Voici, dis-je, que je suis uni à Elena, et qu'il s'agit du plus beau jour de ma vie. Aussi, je voudrais exécuter pour vous le premier mouvement de la *Suite pour violon seul* de Béla Bartók...

Autour de moi, les invités de la noce s'étaient rassemblés, recueillis, perplexes, presque silencieux.

Je sortis mon violon, adorai un instant son corps stylisé de petite fille ; je posai un baiser dessus, avant de le serrer sous mon menton et de pincer le *la*.

Je commençai à jouer tandis qu'aux tables on servait un vin champagnisé. Tout le monde se mit à boire, à rire, à plaisanter, et il n'y eut plus personne pour m'écouter.

J'écarquillai les yeux et aperçus Elena lampant un verre de champagne et fumant un mince cigare noir au milieu d'hommes en habit.

J'étais effaré que cette musique laissât indifférent.

Sept années de vie commune avec Elena s'écoulèrent. Sans que je m'en aperçoive autrement, chaque automne, qu'à la feuillaison obscure et bleuâtre des grands marronniers sur les boulevards.

À la nuit tombante, l'allumeur de réverbères s'en allait sur son vélo, silhouette funambule, portant une perche à l'épaule et allumant d'une longue étincelle chaque bec de gaz.

J'avais repris mes cours au conservatoire. J'aimais cette grande bâtisse aux couloirs résonnants. Tout le bâtiment semblait sombrer dans un océan sonore. Les escaliers s'enroulaient dans les tuyaux des trombones et des tubas. Les archets s'étiraient sur les cordes frémissantes et offertes des violoncelles.

Les dépenses d'Elena me contraignaient à donner des leçons particulières à de riches héritières de la ville, inaccessibles comme des îles, quand, sans jamais les frôler, je m'asseyais à leur côté pour exécuter une pièce à quatre mains, découvrant dans leur proximité un peu d'intimité fragile avec moi-même.

Elena avait transformé notre maison en un havre de dentelles, de tentures, de tapis, de fourrures et de sofas. Elle recevait. Elle aimait la compagnie des hommes jeunes, fumait, riait de tout, menait cette vie trépidante pour laquelle elle semblait faite absolument.

Parfois, rentrant tard, je découvrais la maison tout éclairée. Je cherchais à monter dans notre chambre sans me faire remarquer, lorsque Elena m'apercevait et interrompait toutes les conversations.

— Venez que je vous présente à mon adoré de mari...

Je saluais très courtoisement.

— D'ailleurs, il va vous jouer...

Elle se retournait très vite vers moi :

— Anton, que peux-tu leur jouer ?

Je serrais les doigts autour de mon violon.

— Pas ce soir, Elena, je t'en prie...

Derrière moi, les rires éclataient. Je dissolvais par l'indifférence ces hostilités et ces moqueries car, que sont-elles de la part d'une société qui s'élève peu haut et navigue peu profond, et qui s'amuse parfois, pour taire un malaise, d'un artiste qu'elle ne pourrait, de toute manière, apprécier à sa juste valeur.

Je me glissais entre les draps, serrant contre le ventre le petit corps de mon violon.

Elena montait se coucher tard. Devant le miroir, elle déliait la masse de ses cheveux. Puis disparaissait derrière un paravent. À la vérité, je ne l'ai jamais vue nue. Elle était de ces femmes qui ne dévoilent leurs fruits que dans l'obscurité complète, géographie d'un relief doux, troublant, sous les doigts qui le parcourent.

Elle entrait dans le lit, bâillait bruyamment, s'endormait. Moi, j'attendais encore un peu avant de me laisser rouler contre elle, et sentir sa chaleur m'envelopper.

Une nuit, je fus réveillé.

— Anton... Anton...

J'ouvris les yeux, sans remuer aucune autre partie de mon corps de peur d'éveiller Elena.

La voix dans l'ombre était celle d'une jeune fille en robe blanche, aux cheveux de lin, lisses et longs, comme les herbes flexueuses au fond des rivières.

— Anton, réveille-toi... Ne me reconnais-tu pas ? C'est moi, Iola... As-tu oublié nos jeux d'enfant ?

Iola ! Quel beau nom comme ces papiers de tournesol que l'on trempait dans des coquetiers d'eau.

— Anton, retrouvons-nous un matin dans le verger. Il y a des morceaux de verre dans les herbes et l'air est transparent autour des fleurs de cerisier prises sous le givre...

À ce moment, Elena remua dans son sommeil, agitée par de grands gestes malins.

Iola s'évanouit dans la lumière du jour qui se levait entre les tentures. Je restai tourné sur le côté, les yeux ouverts, envahi par un bien-être étrange.

Un matin, Elena mourut.

Il faut bien reconnaître que ces morts subites déconcertent l'entourage et ramènent chacun à sa fatalité et au sentiment de n'être que poussière.

Elena mourut d'un feu obscur qui lui dévora la poitrine. Elle poussa un cri d'oiseau marin, et retomba, inondée d'une lumière livide.

Des femmes vinrent pour la laver. J'assistai à sa toilette, un peu en retrait, dans beaucoup d'ombre. Quand elles commencèrent à la dévêtir, je fus sans impatience et sans frémissement, découvrant purement et simplement le beau corps d'Elena, blanc comme du lait de châtaigne.

À la sortie du cimetière, parents et amis me présentèrent leurs sincères condoléances.

Une jeune femme s'approcha et écarta sa voilette.

— Iola !

— Je t'ai attendu dans les vergers en fleurs aux dernières gelées...

Je serrai ses doigts de verre dans les miens.

— Anton, d'un peu de douleur tu viens de t'éveiller à ta propre existence. Regarde, toute la beauté du monde s'est recueillie dans les perles d'eau qui pèsent à la pointe des herbes.

Je vis surtout qu'Iola était belle.

— Tu ne pourrais m'aimer qu'en me perdant,

dit-elle. Mais, aussitôt disparue, c'est en toi que je serai dissimulée.

Je pris ses cheveux de lin entre mes paumes, les froissai doucement, les respirai infiniment, approchant des siennes mes lèvres.

— Oh ! dit-elle.

Au même moment, la femme endormie contre moi dans l'autobus venait à brûle-pourpoint de se réveiller.

— Excusez-moi, lança-t-elle avec un accent de reproche.

Je fus repris par la rumeur du moteur, l'air chaud, le battement des essuie-glace pareils à des bras de métronome.

— Vraiment, monsieur, vous auriez dû me réveiller...

— Je vais à Céret, donner une conférence, avouai-je de façon précipitée et stupide, comme si cet alibi me laissait blanc de tout soupçon.

— Une conférence ?... releva-t-elle avec fort peu d'intérêt. Et de quoi parlerez-vous donc ?

— Je parlerai de l'écriture et de la vie dans leurs curieuses coïncidences. L'écrivain est un lieu où les choses se passent sous les apparences. Les existences, les événements, les visages, les émotions se dissolvent jusqu'à produire une magie au cœur du langage.

« Chaque parole suscite l'autre, chaque parole surenchérit l'autre, et explore l'espace à la manière de ces objets volants non identifiés, en restituant au monde un peu de son émotion.

L'arbre en héritage

À trente-sept ans, un homme sans grand relief, nommé Henri Colpin, hérita d'un oncle lointain un hectare à la campagne, sur lequel ne régnait qu'un seul arbre, un chêne majestueux.

Depuis une quinzaine d'années, Colpin travaillait comme magasinier chez Charpentras, *Engrais & Graines*, menant une existence sans tapage, toujours fidèle aux habitudes qu'il s'était créées, sans jamais faillir à ses devoirs ni manquer à ses obligations. Apparemment, il ne prenait rien, ou presque rien, en mauvaise part. « Un peu de philosophie, que diable !... », avait-il coutume de dire et de se dire, lorsque les choses marchaient mal ou tournaient franchement au vinaigre. Somme toute, Colpin semblait satisfait de son sort, dans un siècle qui était le sien, ou qui aurait dû l'être.

Comme piqué d'un remords un peu solennel, il s'efforça de raviver les quelques souvenirs qu'il conservait de son oncle Charles. Un individu jovial et bonhomme, à la courte barbe blanche et aux yeux discrètement rieurs, chez qui Henri avait passé autrefois ses grandes vacances. Ces mois d'été étaient pleins d'aventures, de lumière fruitée et d'innocence. Avec des enfants de l'endroit, Henri avait constitué une bande. Ils lançaient des cerfs-volants, allaient à la maraude aux abricots, construisaient des cabanes dans les arbres. Ils jouaient également à se déguiser, capturer de jeunes couleuvres, allumer des feux de sarments et faire rôtir des petits oiseaux pris au piège.

Le dernier été, une fillette en robe rouge, nommée Jocelyne, était entrée dans la bande. Sa féminité naissante fascinait les uns et les autres. Henri venait d'avoir treize ans. Au seuil de l'adolescence, il connaissait des problèmes d'appétit et d'anémie. Lorsqu'il s'approchait de Jocelyne, le sang battait plus vite et plus fort dans sa tête.

C'était au pied du chêne de l'oncle Charles, sous le dôme des branches basses, que Jocelyne, le dernier soir de l'été, avait ôté sa robe rouge et s'était dévoilée aux yeux de tous et particulièrement, Henri se plaisait à le penser, à son regard à lui. En même temps qu'il devenait par héritage propriétaire de l'arbre sacré, l'épisode le plus intime et le plus capital de son enfance venait de se raviver comme une flamme au fond de sa mémoire.

Colpin attendit ses congés payés pour se rendre sur les lieux et prendre possession de son héritage.

L'arbre de la révélation, il le retrouva plus grand et imposant que dans ses souvenirs. Était-ce normal ! En l'espace de vingt-cinq années, les branches avaient eu tout le loisir de se déployer, la frondaison de s'étoffer, et l'ombre projetée en dessous de s'agrandir comme une nappe mouvante, obscure et froide, où les moucherons ne songeaient pas à s'aventurer. L'écorce était ravinée, éclatée par endroits, avec des traces de gélivures, couverte au nord d'une mousse drue à reflets roux. En collant son oreille, Colpin n'aurait-il pas perçu la circulation des sèves ?

Le chêne se dressait, majestueusement, dans la partie la plus haute du terrain en pente, bordé par les bois et, vers le bas, par un chemin de terre battue.

C'était par cette voie qu'il avait fait amener tous les matériaux indispensables. Courageusement, Colpin s'était mis à construire une cabane dans l'arbre, selon ses rêves et ses plans. Il avait fixé d'abord les pièces de bois et les chevrons, avant de clouer le plancher, en ménageant une trappe d'accès. Sans attendre, il s'était attaché aux travaux dits de finition. Avec des bouts de sapin, de hêtre, de peuplier, de châtaignier, il réalisa un assemblage décoratif par incrustation ou par placage, jusqu'à obtenir une unité de teintes, de motifs et de matières, une vraie marqueterie.

Au sud, il découpa une étroite fenêtre, qu'il dota d'un volet et d'un mécanisme de fermeture, avec une poignée en bois qu'il sculpta en forme de petite sirène.

Le soir, Colpin faisait le tour du propriétaire, appréciait les derniers rougoiements du soleil couchant, écoutait le chant du merle ricocher dans le sous-bois.

Ce fut un de ces soirs, rentrant de promenade, peut-être après avoir trop longuement écouté le merle, qu'il décida d'écrire sa première lettre à Jocelyne.

D'une écriture lente et penchée, il évoqua, mais avec combien de pudeur, l'épisode intime de l'enfance, puis lui décrivit minutieusement les travaux qu'il venait d'achever. Il l'invitait tout naturellement à lui rendre visite bientôt.

Dans son esprit, Jocelyne allait lui répondre par retour du courrier. Peut-être même allait-elle arriver demain, sans prévenir. Colpin, dans son orgueil, ne doutait pas que quelque chose de fabuleux allait se produire. On n'écrit pas à une femme aimée sans que la chose porte à conséquence.

Quelle ne fut pas sa surprise de ne pas recevoir de réponse le surlendemain ! Peut-être la lettre s'était-elle égarée ? Il lui écrivit une seconde, puis une troisième lettre. Enfin, contre toute attente, il lui écrivit tous les jours, allant porter son courrier au guichet de la poste. Au village, il apprit que Jocelyne était aujourd'hui mariée, avait trois enfants, dont deux au collège, et qu'elle travaillait à mi-temps comme secrétaire dans un cabinet de gynécologie.

« Gynécologie !... Gynécologie !... », répétait-il tout haut sur le chemin du retour, alors que le soleil créait des veloutements d'or à travers les branches.

Le lendemain vers midi, il vit arriver de loin la fourgonnette jaune de la poste. La 4 L vociférait joyeusement à travers les bois, avant de s'arrêter en bordure du terrain. Colpin courut chercher son courrier, puis revint dans la cabane tout essoufflé, pour ouvrir l'enveloppe. Ce fut comme un coup de griffe dans le cœur, un attentat de la plus grande cruauté ! L'enveloppe contenait toutes les lettres qu'il avait expédiées à Jocelyne ; certaines avaient été ouvertes, mais pas toutes.

Sur le moment, il se sentit comme fauché. Mais il se reprit très promptement ; il était d'une opiniâtreté qui ne désarmerait jamais. L'arbre tout entier paraissait lui adresser une exhortation muette. En moins de dix minutes, il avait rédigé sa dernière lettre à sa fiancée, qu'il adressait au cabinet de gynécologie où elle travaillait à mi-temps. Il la pressait de céder une fois au moins à son désir et de visiter le nid qu'il avait construit dans l'arbre pour eux deux.

Enfin, Jocelyne vint. Pour mettre un terme à ces harcèlements. Elle pensait que se rendre sur place, une fois pour toutes, était encore la meilleure manière de mettre un terme aux agissements d'un fou. Peut-être était-elle aussi animée d'une certaine curiosité, flattée sans vouloir se l'avouer de tous ces élans d'amour impossible. Enfin, elle se disait qu'un homme qui construit de ses mains une cabane pour sa bien-aimée ne pouvait pas être un homme dangereux, ni tout à fait mauvais.

C'était un jour plus lumineux que les autres. L'alouette paraissait ivre, émettant un cui-cui plus aiguisé et presque mystique, tout en se livrant à ses jeux d'ascension. Caché dans l'arbre, Henri regardait son aimée s'aventurer dans le champ. Après s'être passé les doigts de la main dans les cheveux, il alla gravement à sa rencontre.

Jocelyne portait une jupe en jean et un tee-shirt, un sac en bandoulière, des lunettes de soleil relevées dans les cheveux coupés court. Il serait injuste de dire que Henri la reconnut. Le visage d'enfant imprimé au fond de sa mémoire s'était modifié avec le temps, comme une fleur se transforme en fruit. Pourtant, il ne pouvait s'agir que d'elle. Le réel était devenu rêve, et le rêve le ramenait à présent vers une réalité à découvrir et à partager.

Il la regardait cependant avec un air si contrarié qu'elle crut qu'il était fâché ou déçu. Elle éprouva alors une sensation de gêne, d'embarras, presque de rancune pour cet homme qui l'avait submergée de courrier. Respirant fort, et prenant sur elle-même, elle cria :

— Es-tu devenu fou ou quoi ? Comptes-tu bientôt me laisser tranquille !...

Il cligna des yeux, avant de lui prendre les doigts d'un geste galant :

— Enfin, vous êtes là... Venez, j'ai tout préparé...

Jocelyne s'attendait à tout sauf à cette inflexion de voix douce et languide. Elle se laissa entraîner vers la cabane, voulut seulement qu'il montât l'échelle le premier. Et il pensa, confus et ému, qu'elle avait songé que lui, Henri, aurait pu profiter de la situation pour lorgner sous sa jupe en jean.

Arrivée en haut, elle poussa un « oh ! » admiratif. Elle avait l'impression de se trouver à l'intérieur d'une miniature. Elle s'exclamait et s'exclamait encore, découvrant chaque partie de la marqueterie plus belle et subtile que l'autre, osant toucher la poignée de la fenêtre figurant le corps d'une sirène.

Henri la laissait babiller. Il avait déplié une nappe en dentelle sur la table et servi du vin blanc dans des coupes de cristal. Il tendit la sienne à son aimée, et celle-ci pensa qu'il était préférable d'accepter : cet homme prévenant, cette journée et le lieu se révélaient ne pas être comme les autres. Tout n'en finissait pas de la surprendre. Et peut-être qu'une femme surprise se trouve toujours intérieurement en danger.

— Voyez-vous, Jocelyne... L'amour, à mes yeux, ne peut être une simple passade, un flirt, un baiser volé dans une discothèque, une aventure sans lendemain. L'amour est l'unique sentiment capable de confondre la réalité et le rêve, le don et le désir le plus insensé. Cet amour-là vous brûle, vous fait trembler et vous transporte, vous fait... presque souffrir.

— Mais je n'ai aucune envie de souffrir !... protesta-t-elle d'une petite voix aiguë.

Puis elle rit, parce que le vin lui montait à la tête, et aussi de découvrir ce fiancé si grave, presque tragique.

Il endurait son amour comme l'on endure le mal de mer ou une fièvre maligne.

Elle se sentait partagée. Elle s'attendait à rencontrer un obsédé ou un fou, et elle découvrait un cœur candide, quelqu'un qui ne ferait pas de mal à une mouche, et qu'elle devait blesser à présent. Il était déjà tard, trop tard. Des parties de nuit commençaient à s'étendre à travers la forêt. Simplement mais fermement, elle devait lui dire qu'elle n'était pas libre, qu'elle avait un mari, trois enfants, un emploi à mi-temps dans un cabinet de...

Il décrivit un geste rapide pour la couper. Comment ces choses pouvaient-elles encore avoir une importance maintenant qu'ils étaient ensemble ? Il devait à présent assumer tous les risques de l'innocence. Ne devait-il pas céder au désir d'une étreinte muette et passionnée ? Jocelyne n'était-elle pas l'unique jeune femme qu'il eût vraiment envie de posséder... Il se disait aussi que, de longtemps, et peut-être jamais, il ne retrouverait une telle occasion, un concours de circonstances aussi favorables.

— Refaites-le une fois, une seule fois, dit-il d'une voix précipitée, une seule fois en mémoire de ce qui s'est passé autrefois, et je promets de vous laisser partir, de ne plus vous importuner à l'avenir...

C'était comme s'il devait vérifier quelque chose, s'assurer qu'un fait inouï, presque surnaturel, s'était réellement produit dans l'enfance. La porte du paradis s'était un jour entrouverte devant lui pour se refermer aussitôt, et il n'avait fait qu'entrevoir la forme de son bonheur.

— Faire quoi, grands dieux !... cria Jocelyne, exaspérée de ne pas comprendre, ou de trop bien comprendre ce qu'il voulait.

Sans répondre, il s'attacha à allumer la lampe à

pétrole en haussant progressivement la mèche. Une poche de lumière ocre grandissait autour d'eux.

Jocelyne avait commencé à se dévêtir, en se donnant toutes sortes de raisons pour s'excuser à ses propres yeux : parce que le vin lui était monté à la tête, parce que cet homme l'avait touchée dans sa candeur, parce que la chose était finalement sans importance. Céder à son caprice était la meilleure façon d'en finir avec lui.

Henri la découvrait avec un effarement progressif. Le corps de la femme, il ne le reconnaissait pas. Ce n'était plus la forme fragile de la féminité naissante, mais un corps déformé par les grossesses, un corps qui avait été habité par d'autres vies, un ventre marqué de vergetures, comme si un lierre s'était formé contre la peau.

Il alla vers elle, comme un fou, sans plus savoir ce qu'il faisait. Elle s'affola ; une peur immense la secouait jusque dans les soutènements de son être et lui ôtait même la force de crier.

Il la serra pour l'étouffer, l'étrangler, et étrangler du même coup toutes les jeunes filles qui s'étaient refusées à lui, lorsqu'il était magasinier chez Charpentras. Tout ce cortège de filles qui lui avaient ri au visage, l'avaient griffé quand il avait voulu seulement effleurer leur peau lisse et unie.

Le frappant au front, Jocelyne réussit à se dégager et à le renverser en arrière. Il resta sans bouger, soufflant comme un animal blessé, avec une bouillie d'images dans la tête. Ce fut dans le flou qu'il la vit soulever la trappe et s'enfuir en emportant ses vêtements. Ce fut aussi alors qu'il la vit, de dos, nue, comme une flamme blanche, comme la forme de l'été et de l'enfance, comme la fleur mystique poussée dans sa mémoire.

Plus tard, il se releva et alla s'accouder à sa petite fenêtre pour observer les derniers rougeoiements du soleil couchant.

Ses congés payés s'achevaient, et il n'avait aucune envie de reprendre le collier. Deux corneilles jouaient, sans un cri, sans un frôlement, dans l'air presque obscur, en se rapprochant de l'arbre, et Henri se dit qu'elles allaient venir passer la nuit dans ses branches.

Complices d'un ravissement

Et là, à l'angle de la rue, alors que je marche sans but précis dans la ville, je le vois se précipiter sur moi sans pouvoir l'éviter. Sous le choc, nous restons étourdis. Je mets un court laps de temps à le reconnaître : Robert Dorembus !

Par une sorte de rapt, je suis aussitôt ramené à l'époque estudiantine où nous nous réunissions dans un café de la ville basse. Nous pensions alors que la parole avait une prise profonde sur le monde, un pouvoir d'apprivoisement et même un réel pouvoir de changement.

Après toutes ces années !... Je retrouve Dorembus égal à lui-même, comme si le temps entre nous avait été suspendu.

Pour l'heure, il est pressé — un rendez-vous chez le dentiste. Mais il faut absolument — Dorembus insiste sur le mot — que l'on se retrouve et...

Je l'invite un week-end à la campagne. Nous habitions alors un ancien bâtiment d'école à proximité des forêts, au milieu des prés et des vergers, avec un préau abritant une huitaine de latrines (cette dernière perspective l'amuse).

— Que dirais-tu de samedi prochain ?

Non, justement, samedi prochain, il a promis d'assister au mariage d'un ami.

— Tu connais Garsou ?

Ce nom ne me rappelle rien.

— De Garsou, il n'y a rien à dire. Un personnage terne, vaguement étonné et fragile, ballotté comme un bouchon de liège à la surface des événements. Je suis curieux de connaître celle qui a accepté d'épouser un type pareil. Au téléphone, Garsou m'a dit : « Une femme exceptionnelle et jolie. Et c'est à moi que cela arrive !... »

— Alors, disons le samedi suivant.

Nous sommes en octobre. De la fenêtre, on suit la fumée bleue des feux de fanes qui s'étire en minces voilages, les vols de corneilles au-dessus des champs.

Le soir dudit mariage, ma femme et moi montons nous coucher tôt. Il y a un enchantement à tendre draps et couvertures par-dessus la tête, à se faire une tente pour la nuit — jusqu'à ce que, par instants, l'on soit obligés de rabattre la couverture et que l'air de la chambre nous glace le visage en sueur.

— Qui est ce Dorembus dont tu ne m'avais jamais parlé ?

Je revins à l'époque des grandes palabres. Nous accordions une importance plénière à l'individu : il s'agissait, il s'agit encore — et vraisemblablement il s'agira toujours — de restituer chacun à sa propre intimité, à sa propre turbulence. L'ami Dorembus insistait sur le « rôle social » que nous avions à jouer. Il avait une expression bien à lui pour définir une société : « les sosies de soi » — ceux qui souffrent de famine, de misère, d'injustice. Alors qu'il n'était pas encore question de « cocktails Molotov », il n'excluait pas le recours à une certaine forme de violence.

Il n'avait pas son pareil pour démasquer l'autre, le

déloger de ses idées préconçues, lui ôter toute possibilité de dérobade : « Maintenant, parle en ton propre nom. Comment pourrais-tu être heureux si tous ne le sont pas ? »

Plus tard, nous nous endormons, ma femme et moi, en coquille, tournés dans le même sens, le corps de l'un épousant l'autre. Nous sommes réveillés en pleine nuit : une voiture, en vociférant et débrayant par deux fois, entre dans la cour de l'école. Les phares éclaboussent la façade. Éberlués, nous nous levons et allons à la fenêtre, pour apercevoir l'ami Dorembus :

— Salut !... Désolé de *te* réveiller, mais nous ne savons où aller...

Par ce *te*, ma femme se sent tout simplement niée : comme s'il ne voyait pas qu'elle était à mon côté !

De la voiture sort une forme féminine, vêtue de blanc et de voiles fragiles. D'une voix fine, timidement, elle nous dit : « Bonsoir. » Ensuite elle s'occupe de rassembler sa traîne de mariée.

Revenus de notre surprise, nous passons un peignoir et descendons leur ouvrir. Dorembus a la mine épatée de quelqu'un qui vient de commettre le forfait du siècle. Il prend la jeune femme par le bras :

— Viens, Evelyne, ici nous serons en sécurité...

Nous nous effaçons pour les laisser entrer.

— Ce sera parfait, dit-il, parcourant notre décor quotidien d'un rapide regard circulaire.

Ils s'asseyent devant nous dans la partie salon. Je remue les braises dans l'âtre, donne quelques coups de soufflet, remets une poignée de bois sec. Le feu se ravive. J'observe la mariée à la dérobée : silencieuse, presque inanimée, le visage doux, les pupilles d'un bleu froid comme les fleurs de scabieuses.

Dorembus pose un long regard sur ma femme qui

ne sourcille pas. C'est lui qui écarte les yeux, comme si quelque chose d'urgent... Avec une sorte de volupté, il fait rouler les mots au creux de la bouche, avant de raconter :

— Tout s'est produit d'une façon simple et spontanée. Après le banquet, les jeunes mariés ouvrirent le bal. On fit cercle autour d'eux. Au milieu de la danse, ils se séparèrent et allèrent inviter, chacun de son côté, un autre partenaire. Evelyne se dirigea vers moi. J'étais l'ami de son mari et elle me faisait un *honneur.* Il y avait quelque chose de plus : une attirance immédiate et muette. Depuis le début, nos yeux s'évitaient, se cherchaient. Je la trouvais ravissante. Il n'y avait pas en moi, consciemment, la folie de...

Il cligne l'œil alternativement vers ma femme et vers moi, sans se soucier de la mariée plongée dans une espèce d'indifférence.

— Nous nous dirigeons vers la piste. Je l'enlace, la musique nous entraîne dans un tourbillon. Evelyne garde le visage penché ; puis elle renverse la tête en arrière. Les ampoules de couleur tournoient comme des oiseaux fous contre le plafond. Elle ramène les yeux à hauteur des miens. Nous continuons de tourner en longues boucles. Lorsque la musique s'arrête, nous restons enlacés sur la piste. Personne ne comprend ce qui se passe. Lentement, le visage tourné l'un vers l'autre, au milieu des gens stupéfaits, nous quittons la salle.

— Comme cela ? s'étonne ma femme. Personne n'intervient pour vous en empêcher ?

— Pour les gens de la noce, explique Dorembus, c'est un événement tellement sidérant. Ils restent cloués sur place, bouche bée. Tout s'est arrêté comme un jouet mécanique. Nous sautons dans ma voiture, et voilà.

Un temps. On observe les reflets du feu sur les murs.

— Il est tard, nous ne voulons pas vous tenir éveillés plus longtemps, décide Dorembus.

Il regarde Evelyne comme elle le regarde — avec une expression d'impatience.

Je les loge dans la chambre qui me tient lieu de bureau. L'espace est on ne peut plus encombré : piles de livres, de disques, de revues. Un poêle à bois. Sur le côté, un lit d'appoint.

— C'est plus que suffisant, apprécie Dorembus, n'apercevant que le lit.

Il a parlé trop tôt : lorsqu'il appuie de tout son poids pour vérifier l'élasticité du matelas, celui-ci se met à geindre.

Toute la nuit, ils font un boucan confus. Ma femme trouve rapidement le sommeil, comme si de rien n'était. De mon côté, après m'être tourné et retourné dans tous les sens, je rallume la lampe de chevet, me plonge dans « tel livre » (*L'Idiot* de Dostoïevski). Ma lecture est ponctuée de râles, de plaintes, complaintes, chuchotements, souffles bruyants, geignements de ressorts.

Au point du jour, un grand silence, enfin, s'établit, et je profite de l'aubaine pour m'endormir à poings fermés, le corps rompu.

Ma femme s'est levée la première. L'odeur de café m'atteint à travers le sommeil, et c'est un réveil heureux.

Au déjeuner : des œufs à la coque. Ensuite, nous allons sous le préau, choisissons chacun notre « petit endroit », et là, nous avons la conversation suivante :

— Que comptes-tu faire ? — Comment cela, à propos de quoi ? — À propos d'eux, que tu es bête. — Cela se décidera de soi. — Tu te rends compte que nous sommes devenus les complices... — Ils ne vont pas rester éternellement ici, dis-je pour la rassurer.

En ce moment, dans les champs, on déloge les pommes de terre. Sous les coups de houe, elles jaillissent de l'obscurité de la terre telles des pépites fraîches, crues, presque lumineuses sous leur mince pelure.

Notre couple fugitif ne quitte pas la chambre de toute la journée. On les entend parler à voix haute sans comprendre. Parfois la conversation se poursuit sur un ton de dispute. Ensuite, de nouveau, ce sont des chuchotements, la rumeur rauque des ressorts, des cris fluides.

— Tu ne crois pas que tu devrais ?...

Je ne crois rien.

Ils n'ont pas fermé les volets de la chambre-bureau, mais je n'ose aller, de l'extérieur, coller les yeux contre le carreau. N'ont-ils nécessité de rien ? Mais non, c'est un couple d'amoureux ; ils vivent de tendresse et d'étreintes ; ils ont surtout besoin qu'on les laisse tranquilles.

Ils ont fait du feu dans le poêle à bois, et de la cheminée s'échappent des flots de fumée noirâtre que le vent rabat le long des murs. Ce qui grandit d'heure en heure, c'est le volume des piles de livres et de revues qu'ils sortent — et toujours sans être vus — dans le couloir pour désencombrer l'espace de la chambre. Ensuite la porte est refermée à double tour.

Pour le repas du soir : des pommes de terre en robe des champs. L'eau bouillonne et une écume grisâtre se forme en surface. Cuites à point, on les mange sous la lampe, en silence, presque recueillis, avec un peu de beurre, poivre et sel. On se délecte de cette chair ferme et jaunie qui a eu besoin pour s'épanouir de toutes les ténèbres de la terre.

Nous sommes toujours en train de souper lorsqu'on entend un bruit de clé dans le corridor. Notre couple apparaît, enveloppé chacun dans une tenture décrochée aux fenêtres de la chambre-bureau : elle telle une houri, lui comme un barbare sortant du bain.

— Surtout ne vous dérangez pas pour nous, prévient Dorembus.

Ils s'éclipsent à la cuisine, visitent le garde-manger et le frigo, emportent dans un panier : un demi-poulet rôti, cornichons et betteraves rouges, très peu de fromage, une bouteille de vin rosé. Ils repassent par la pièce où nous sommes.

À ce moment, la mariée se prend le pied dans la tenture dont elle s'est enveloppée, et le rideau tombe. Elle est nue, très blanche, les seins petits, les hanches étroites rappelant celles d'une statue phénicienne.

Elle ramasse sans un mot la tenture enroulée à ses pieds, la jette négligemment sur son épaule, et ils viennent s'asseoir devant nous, observant les reliefs de notre repas.

Dans cette maison isolée du monde, l'espace d'un instant, règne une étrange paix. Le bruit des bûches qui se consument, le tic-tac sonore de l'horloge. Cette impression : « Un ange passe... »

Dorembus s'intéresse à ma femme, ou, plus exactement, voudrait se rendre intéressant à ses yeux. Il se répand en paroles, souvenirs et anecdotes à propos de notre franche camaraderie à « l'époque des grandes palabres ». Il ne tarit pas. Il m'a connu bien avant elle, en sait davantage à mon sujet, m'a compris avant l'heure et lui trace un portrait de l'étudiant timide et tourmenté que j'étais.

La mariée écoute vaguement. Son petit sein sort, droit et dur, de la tenture à franges. De temps à autre, comme par distraction, elle relève le visage vers moi. Mais oui, je ne rêve pas, elle me fait les yeux doux !...

Ils s'enferment de nouveau dans la chambre-bureau. Ce sont des petites plaintes de plaisir, suivies de longs moments de silence inquiétant. Que lui fait-il ? Ne devrais-je pas aller voir ? Ils font toujours du feu. Les mêmes flots de fumée tachante comme de la suie s'étirent vers le verger.

À l'intérieur, c'est une étuve : fenêtres embuées. On les imagine en sueur sous les vapeurs d'un bain turc.

— Ce qui est vraiment exaltant, confie ma femme, c'est l'idée de l'enlèvement mutuel, le romantisme sans scrupules, l'amour volé qui se moque des lois et des morales. Mais, tout de même, ne pourraient-ils aller s'aimer ailleurs ?

Au-dessus des champs, les vols de corneilles s'agitent comme des chiffons de moire dans la lumière rasante. Le vent remue les feuillages qui s'étiolent avec des couleurs d'or et de sang. Le ciel d'octobre est d'un bleu absolu.

Ils ne sortent de la chambre que la nuit, quand nous sommes montés nous coucher. Un temps. On les entend trottiner en bas, chercher ce dont ils ont besoin. Par une sorte de convention tacite, en décidant de leur menu du jour et en veillant à la variété, nous laissons à leur intention dans le frigidaire ceci ou cela, quenelles de poisson ou tranches de gigot. Ensuite, très tard, le silence retombe sur tout comme un drap funèbre.

La maison porte d'étranges passagers et leur présence commence à peser. De les savoir, de les sentir continuellement là, au sein de l'univers familier, dans cette chambre où désormais nous n'avons plus accès, c'est une chose sournoise et oppressante, qui joue très sûrement sur les nerfs.

Entre ma femme et moi, ce sont de plus en plus fréquemment des frictions, des mouvements d'irritation. Elle devient susceptible, prude et inflexible. Comme si désormais elle devait faire profession de vertu ou de pudeur — elle qui, d'ordinaire, se montre gourmande de notre relation charnelle toujours en quête de nouveauté. Elle monte se coucher la première et, quand je la rejoins, je la trouve couchée à l'extrême bord du lit, affublée d'une longue chemise en pilou, obstinément orientée dans le sens opposé. Je voudrais l'entraîner dans nos ébats coutumiers et inventifs. Mais comme je m'approche, avec une insistance aimantée et les mains cajolantes, je la sens se fermer, se durcir. Elle ramène les jambes contre la poitrine. Pour la première fois, elle refuse, se refuse. Je sollicite un mot d'explication sur un ton un peu colérique, et elle se déclare jalouse à l'idée que je pourrais l'étreindre en songeant à une autre.

— À qui donc ? dis-je, jetant des regards aux quatre angles de la chambre.

— Ne cherche pas très loin : à la jeune mariée, par exemple.

Elle a lu récemment que la plupart des maris, passé le temps plus ou moins long du foudroiement amoureux, étreignent leur femme en pensant à d'autres proies ou en se projetant toutes sortes de trucs érotiques dans un coin de leur tête. Avec l'inflexion d'une douce conviction, je lui affirme que chez moi le foudroiement n'en finit pas. J'ai épousé une femme gigogne : toujours des facettes d'elle sont à découvrir et à aimer. Mes pensées sont tout à coup parasitées par un ronflement : elle s'est endormie profondément. Bien.

Je reste au milieu du lit, tourné sur le dos, les yeux longtemps ouverts. Que fais-je de cette vacuité forcée ? Que fais-je d'un désir et d'une ardeur qui ne s'émoussent pas ?

Je cherche à travailler ailleurs. Dans la cuisine, assis à la table devant un lot de feuilles, le stylo à la main, suspendu au-dessus du petit abîme blanc. Je rêve d'un volume écrit à l'encre sympathique et dont les caractères invisibles apparaîtraient par frottement sous l'effet d'une autre chaleur.

Puis je relève la tête, et je passe le temps à scruter les motifs du papier peint, à faire naître un visage de jeune fille dans un calice de fleur.

Le matin du cinquième jour, comme nous discutons des moyens élégants de leur faire comprendre qu'ils sont devenus indésirables — et ma femme m'exhorte à ne pas prendre de gants — coup de théâtre : Dorembus sort seul de la chambre, toujours enveloppé d'une tenture à franges. Sur le ton le plus aimable du monde, il demande à ma femme une « robe à prêter ».

De leur propre chef, ils ont décidé de mettre les voiles. Lui dans son costume du premier soir, elle dans la « robe prêtée ». Ils nous remercient pour tout et s'échappent. Nous nous retrouvons seuls au milieu de la maison remuée, hébétés, avec le bruit de l'univers entre les tempes. Mon bureau est un véritable paysage après la bataille.

Par des connaissances communes, nous apprendrons qu'ils ont loué un meublé en ville. Ils se sépareront au terme de trois mois. Trois mois pour épuiser ce qui les liait ensemble. D'Evelyne, nous n'aurons plus de nouvelles. De Dorembus, nous apprendrons qu'il s'est marié avec une autre femme — décrite comme une matrone par un ami proche. Au fil des années, nous recevrons des faire-part de naissance. Le quatrième vient de nous parvenir et annonce la venue en ce monde d'une petite Natacha.

Quant à la robe de mariée, elle est toujours accrochée dans notre garde-robe, sans un souffle, comme un peu de neige tombée, et qui attend celle qui voudrait la revêtir pour une autre histoire.

Une chambre prêtée à Paris

Après l'empressement, les visages croisés, les conversations oiseuses dans le sixième, le traditionnel déjeuner en tête à tête avec l'éditeur, la visite de quelques librairies aux livres d'occasion, je me retrouvai en pleine rue. En pleine noise. Dans la rumeur de cinq cent mille véhicules circulant dans la ville.

C'est ce qui m'épouvante à chaque fois que je viens : ce bruit qui détruit tout, pénètre par les pores et nous entoure à l'intérieur d'une paille de verre, comme si nous étions devenus fragiles.

Je m'acheminais par la rue de Rennes vers Montparnasse-Bienvenüe, ma petite valise à la main.

— Tu trouveras aisément, c'est au cinquième, sous les toits. Au bout du couloir. La chambre donne sur une arrière-cour. Tu y seras tranquille : on n'entend rien. De plus, ce n'est pas loin du cimetière Montparnasse : tu pourras t'y promener à tes moments perdus.

Celui que je nommerai Jacques m'avait offert pour la nuit la chambre de son amie Claire, absente de Paris. Rue Daguerre, dans le quatorzième. Je me hâtais de gagner mon refuge, en suivant de loin en loin mon reflet dans les devantures.

La chambre était tout en haut d'un escalier en

colimaçon, tournant entre des murs écaillés d'un jaune pâle, la rampe patinée, branlante sur des barreaux de bois vermoulu. Je repris ma respiration sur le dernier palier, me penchai pour suivre la spire décrite dans le vide par l'escalier.

Au bout d'un couloir étroit, je trouvai une porte peinte en rouge sombre et le nom de Claire C. Je laissai tiédir la petite clé dorée au creux de ma paume avant de l'introduire dans la serrure.

J'eus l'impression de pénétrer dans une loge de théâtre. Il y avait un miroir entouré d'ampoules de couleur, un paravent chinois, des foulards, des fanfreluches, des robes accrochées çà et là.

Les tons pastel des murs les rendaient minces, diaphanes, comme si on était sous la peau d'un fruit exotique. Dans le coin immédiatement à gauche de la porte se dressait, muet et mystérieux, un mannequin d'osier. J'allai à sa rencontre, le frôlai du bout des doigts, dessinai ses contours, comme si je devais retrouver la forme d'un être ensommeillé, momifié à jamais.

Dans la perspective reflétée par le miroir, je remarquai que le lit n'avait pas été fait. Draps et couvertures avaient été rejetés en boule. Je m'approchai de la fenêtre. Non seulement on n'entendait rien, mais on n'avait aucune vue : une cour obscure aux murs aveugles. J'eus une subite sensation d'*enfermement*. Me penchant et levant la tête, j'aperçus un pan du ciel de Paris — nuageux ce jour-là.

Me retournant, j'eus l'impression de reculer au fond du miroir, derrière toutes sortes d'images pâlies. Je m'étendis sur le lit, tout habillé, et respirai instinctivement les draps. Claire C. y avait laissé une suée dont l'odeur subtile me rappelait, étrangement, celle d'une primevère au printemps.

Sur la table de chevet, outre un paquet vide de Peter Stuyvesant, je remarquai un livre : *Oreiller d'herbes,* de Sôseki. Je l'ouvris sans réfléchir, aussitôt captivé par les premières phrases :

Je gravissais un sentier de montagne en me disant : à user de son intelligence, on ne risque guère d'arrondir les angles. À naviguer sur les eaux de la sensibilité, on s'expose à se laisser emporter. À imposer sa volonté, on finit par se sentir à l'étroit. Il n'est pas commode de vivre sur la terre des hommes.

À travers les murs filtraient toutes sortes de bruits.

Les gens rentraient chez eux. Des pas s'arrêtaient net. Des portes s'ouvraient et se refermaient. Les sons se répercutaient de loin en loin ; certains, sertis de silence, prenaient une valeur de message, se regroupaient un moment avant de s'égailler de toutes parts. Avant de créer, dans le calme revenu, des milliers de petits mondes, des milliers de « chez-soi », où tout était rite et s'enchaînait tranquillement avant le dîner.

Qu'est-ce qui me gênait là, sous la nuque ? Je passai la main et trouvai, roulée en boule, une petite culotte de Claire C. Je la tins presque religieusement devant les yeux. « Encore une de ces filles qui laissent traîner leurs culottes partout ! » m'écriai-je, comme si, en pareil cas, je devais me montrer de mauvaise humeur. Mais n'étais-je pas plutôt amusé ?

Je décidai de me déshabiller et, le corps nu, me glissai entre les draps. La présence de Claire avait laissé dans la chambre une électricité fluide. J'eus l'impression qu'un corps mince et glacé me frôlait. Je m'enfonçai de nouveau dans *Oreiller d'herbes,* jusqu'à ce que, les yeux brouillés à force de fixer, je résolusse d'éteindre.

L'obscurité avait une épaisseur presque palpable, une densité que je ne reconnaissais pas. J'avais les yeux ouverts, mais je ne distinguais rien. Pas même, en les approchant très près du visage, la forme de mes mains. J'entendais une respiration fluer paisiblement et je mis un certain temps à comprendre qu'il s'agissait de la mienne.

Subitement, le cliquetis d'une clé. Une porte qu'on ouvrait, toute proche. Des voix dans la chambre à côté. Je n'étais plus seul. Je n'étais plus qu'un appareil récepteur. Le monde se resserrait dans un cercle.

Les voix voletaient dans l'obscurité à la façon frivole des oiseaux : celles d'un homme et d'une femme.

— Décidément, disait-elle, je n'aime pas cette chambre. Pourquoi toujours nous cacher ?

— Tu ne crois pas qu'*il* se doute de quelque chose ?

— Mais non. Il est à un repas d'affaires et ne rentrera que très tard. Nous avons le temps devant nous. Mais je me sens déjà déchirée à l'idée de nous séparer.

— Et s'*il* mentait... Si, comme toi, *il*...

— Si tu savais... *Lui*, regarder une autre femme...

— Peut-être que tu le connais mal... Qu'*il* cache bien son jeu...

— Tu m'embêtes... Pour *lui*, il n'y a que les affaires qui importent.

Les voix cessèrent et, dans le silence profond, je crus discerner des froissements d'étoffe. D'autres sons que je n'identifiais pas mais qui revêtaient, dans mon imagination, toutes sortes de formes, de frôlements.

Les voix reprirent, plus aiguës :

— Il ne faut pas... Pas aujourd'hui...

— Pourquoi ?... Nous n'avons pas si souvent l'occasion...

— Je suis dans un mauvais jour, expliqua-t-elle d'une voix frêle et confuse.

— Mais cela ne fait rien !... Cela ne...

D'autres froissements.

— Dis-moi d'abord quelque chose...

À une intonation sourde et insistante, je compris qu'il lui disait ce qu'elle...

— Non, pas encore, dit-elle, pas comme cela. Avant, je veux que tu me jures...

N'était-il pas prêt à lui jurer tout ce qu'elle demanderait ?

C'était quasi involontairement que j'imaginais le corps de la femme : la peau blanche et lisse, le cône ferme des seins, les hanches au galbe léger, une suée à l'aisselle, et, je ne sais pourquoi, un petit pli presque liquide sur le ventre quand elle se recourbait sur elle-même.

— Si c'est vrai ce que tu dis, reprit-elle, si tu m'aimes vraiment, s'il n'y a que cela qui importe, alors, ne restons pas ici, fuyons, découvrons le monde. Nous avons la vie devant nous...

Plus un mot. L'homme venait-il de presser les lèvres sur celles de la femme pour l'empêcher de parler ? D'une main douce et cajolante lui enlaçait-il la taille pendant qu'elle sentait fondre dans sa chair toute résistance ?

J'en oubliai de respirer. L'idée de rallumer la lampe me traversa la tête, mais je fus arrêté dans mon geste par l'appréhension de me retrouver seul dans un rond de lumière, avec le miroir me renvoyant mon image.

— Personne d'autre ne vient jamais ici ? demanda la femme.

— Personne.

— Aucune de tes maîtresses ?

— Mes maîtresses !... Quelles maîtresses ?

Je l'entendis rire.

— Ici, reprit-il, c'est sacré, un lieu rien que pour nous.

— Cette chambre n'a vraiment rien d'extraordinaire, dit la femme. Et pourtant, elle est devenue un refuge familier. Je connais la moindre éraflure sur les murs. Parfois j'observe les motifs du papier peint et d'autres images apparaissent, un visage, des yeux. Je me sens épiée...

Peut-être, en cet instant, relevait-elle ses cheveux sur la nuque pour faire encore mieux voir qu'elle était belle ?

Tout en restant immobile, j'avais l'impression d'être une sorte de Rodin et de faire jaillir des formes lisses d'une pierre obscure.

— J'ai toujours eu la sensation, dit la femme, d'être une barque ballottée par les flots. Je me raconte des histoires où j'ai un amoureux, quelqu'un qui vient m'enlever, me donner vie, me donner souffle... Je ne fais pas toujours le même rêve. J'avance dans une forêt très touffue. Tout à coup, il y a le tic-tac amplifié d'un réveil et je débouche dans une rue inondée de soleil. Une jeune fille vient à ma rencontre. Elle a mon visage. À l'instant où je la touche, elle s'effrite comme du sable...

— Écoute, dit l'homme.

Écoute quoi ? Je ne comprenais pas le sens de ses paroles, mais je savais que les choses importent parfois plus par le ton sur lequel on les dit. Et le ton sur lequel il parlait à présent était le ton mielleux de celui qui veut tromper son monde, voire même se rétracter. Il n'allait tout de même pas tout gâcher ?

Au fond de l'obscurité, je me surpris à faire craquer l'une après l'autre les phalanges de mes doigts. Je me sentis rougir, une brûlure aux joues, gêné d'entendre, de ne pouvoir m'empêcher de surprendre cette intimité qui filtrait à travers la cloison.

Leurs respirations s'étaient précipitées. L'homme poussait des jappements sourds, la femme des cris plaintifs, presque douloureux. Et tout cela me traversait la poitrine.

Ils étaient tellement proches ! Comme si le mur très mince qui nous séparait s'était dissous sans bruit dans l'obscurité et qu'ils s'étreignaient près de moi. Proches à les toucher !...

Jusqu'à ce que...

Le silence soudainement se confondit avec la nuit très dense. Le temps rompait son étreinte et redevenait une petite éternité évasive. L'univers était vaste et comme à portée de main, illimité et intime à la fois. J'avais les nerfs à fleur de peau.

Qu'était-ce ? Des sons ténus, fragiles, effilés...

— Ne pleure pas, disait l'homme d'une voix gentille.

— Laisse-moi pleurer, si cela me fait plaisir... Ce ne sont pas des larmes de tristesse, gros bêta !... Tu sais, une femme... enfin, comment te dire ?... C'est la première fois que...

Je ne savais plus où me mettre. J'aurais voulu disparaître à l'instant. M'envoler et ne plus laisser de moi qu'une moucheture blanche dans la nuit.

Je savais qu'il l'avait prise dans les bras et qu'elle s'était blottie au creux de l'épaule, la chair émue et bouleversée, la tête encore sensible, avec le reflet d'une eau agitée dans les yeux.

— Ne te rhabille pas, dit l'homme après un moment. Ne t'en va pas cette nuit ni aucune autre nuit... C'est fini, cette comédie !... Laisse-moi te regarder ainsi... Nous attendrons ensemble que le jour se lève...

— Mais *il* va s'inquiéter de...

— Oh, lui... répondit simplement l'homme.

Lui, j'eus tout à coup la sensation que c'était moi ! Je rallumai la lampe, me levai et allai vers le lavabo me donner quelques claques d'eau froide sur la figure. Le mannequin, dont j'avais oublié la présence, me fit sursauter.

Je revins vers le lit, m'étendis par-dessus les couvertures, les membres déliés. Je repris *Oreiller d'herbes* et, l'ouvrant au hasard, je tombai sur ce passage :

Je ne sais pas pourquoi elle va et vient, sur le long corridor, vêtue d'un ample kimono de cérémonie. Je ne comprends pas le sens de cet acte. Elle marche sur le passage du jour à la nuit. Elle répète si souvent cet acte incompréhensible, avec une telle solennité et dans un tel silence que je me sens dans un drôle d'état...

Tout était à présent d'un calme absolu. Un silence dont chacun pouvait avoir l'impression d'être le centre. Le vide devenait sensible. Dans la chambre voisine, le couple s'était-il assoupi ?... Je finis, moi aussi, par m'appesantir.

Je dormais encore alors que le jour s'était levé sur Paris. Le matin des maraîchers ! Une eau rapide et transparente courait dans les rigoles des boulevards ; un ciel d'aquarelle se découpait entre les toits.

Nul, sans doute, ne prêta une attention particulière à ce couple qui s'enfonçait progressivement dans la foule.

L'empire des taches

— Regardez, dit le professeur, alors qu'ils étaient sur la pelouse de l'université, où le soleil allongeait des ombres tremblantes.

Il détacha une seule feuille, la leva à la lumière pour faire observer à son assistante comment les nervures dessinaient la forme d'un arbre minuscule.

Tout existait à l'intérieur de chaque fragment. Depuis plusieurs semaines, le professeur René Rolland voyait l'arbre, ou du moins sa structure, en tout et partout. Il était plein d'*arborescence* et ne pensait plus qu'en matière de cimes, de racines, de sèves, de surgeons et d'élaboration chlorophyllienne.

L'homme lui-même pouvait être considéré comme un arbre ambulant, inscrit également dans un cycle, portant dans sa chair ses racines, ses rêves et ses raisons d'être. Et la femme, serait-elle pareille à ces grandes plantes ramifiées, dont les pétales s'ouvrent aux regards indiscrets, et se referment souvent, mais pas toujours, quand on fait mine d'y glisser les doigts ?

Aidé de son assistante, Lilia Laurent, le professeur, toujours emporté et circonspect, avait préparé un exposé sur *Les rites de renouvellement au sein du monde végétal*, et cet exposé devait avoir lieu dans la salle des conférences — dans moins de quarante minutes, il venait de le vérifier à sa montre-bracelet.

L'orateur aimait arriver en avance, découvrir les lieux vides, plongés dans la pénombre, comme s'il devait, avant de discourir, prendre possession de la salle et de sa résonance.

À son côté, Lilia paraissait absente, les yeux glacés par l'air vif d'une journée d'avril. Cette femme restée jeune fille n'était pas spécialement jolie, mais elle se montrait toujours d'une fraîcheur émouvante — et « jamais maquillée », avait précisé innocemment le professeur à son épouse, comme si, à ce signe-là, son assistante ne pouvait être tenue pour un péril.

— Pas maquillée ? avait souri malicieusement Mme Rolland. Cette fille se maquille si subtilement les yeux qu'on ne relève pas l'artifice.

Il en était resté pantois.

Son assistante, puisqu'il en fallait une, René Rolland, tout jeune professeur et père déjà d'une petite Cécile, l'avait élue parmi ses meilleures étudiantes. La seule peut-être à montrer autant d'intuition que d'intelligence.

Lilia était de ces êtres minces, discrets et raffinés, qui ne semblent jamais désirer sortir de la chrysalide ni de l'état de jeune fille. Méfiez-vous de ces eaux fines, figées et apparemment ingénues, qui réfléchissent fidèlement votre visage pour mieux vous ensorceler.

La jeune fille estimait trop que le plaisir est une expression de l'éphémère pour ne pas rêver d'une liaison fidèle et infinie. C'est en ne s'offrant pas qu'elle se donnait le mieux, se rendait perméable à la présence du seul être qui la fascinât.

Depuis bientôt vingt ans qu'ils travaillaient ensemble, ils étaient devenus de vrais vases communicants.

Ses idées à lui, c'était quelquefois elle qui les articulait, aussitôt surprise, étourdie de ce qui venait de s'échapper de ses lèvres, comme si elle sortait d'un envoûtement. C'était le seul privilège auquel Lilia tenait absolument : cette estime réciproque qui permettait aux deux complices de se trouver dans un lieu d'échange où la recherche se faisait médium.

— Venez, dit-il, je crois qu'on vient d'ouvrir la salle...

Lilia, qui était comme la seconde épouse fidèle de sa vie intellectuelle, connaissait bien son patron. Elle pouvait pressentir les secrets tourments de cette âme amie, et prévoir ce qui aurait lieu dans l'immédiat. Comme toujours, il voudrait relire ses notes, répéter les passages importants, opérer dans les textes des modifications, des développements de dernière minute. Comme toujours, elle devrait l'en dissuader. Le meilleur moment de ses conférences, c'était quand il improvisait en cercles excentriques autour du thème. Elle savait que les parties s'enchaîneraient merveilleusement et que, le moment venu, elle-même donnerait toute son énergie pour lui permettre d'accéder au meilleur de lui-même. Elle lui enjoignit plutôt de faire quelques pas.

Pas tout à fait convaincu, à vrai dire perplexe, inquiet, irrésolu, le professeur se laissa pourtant entraîner — et gagner par le charme de cet après-midi d'avril.

Le domaine universitaire avait été construit sur les collines surplombant la ville, au milieu d'une forêt de feuillus. Bientôt, les deux promeneurs s'enfoncèrent dans le sous-bois. L'air devenait plus obscur, comme derrière un carreau vineux. René remarqua fugacement que Lilia avait son imperméable entrouvert et qu'elle portait une jupe verte, très courte. Ses jambes nues glaçaient l'œil ! Mais lorsque l'on avait un poste respectable, une femme et trois enfants qui allaient accéder bientôt aux études supérieures, il ne convenait pas de laisser son regard ni son esprit s'y attarder trop conséquemment.

Ils entendirent devant eux des coups de hache, des éclats de voix. Une fumée épaisse montait d'une clairière, tardait à s'évanouir, se tortillait à travers le bois. D'instinct, comme devant un péril imprécis, le professeur voulut prendre sa compagne par le bras, mais, à l'ultime instant, se retint.

Trois hommes en bleu de travail élaguaient le taillis, rassemblaient les branches coupées, y boutaient le feu. C'était un monde dru et grouillant, un monde de muscles et de fibres, de fumées et de flammes, de sueur et de sève. Le bleu des vestes valsait sur les teintes mordorées de la terre et des troncs.

Quelle ne fut pas la surprise du professeur d'entendre Lilia se mettre à converser familièrement avec ces hommes, en modifiant nettement le timbre de sa voix ! Interdit, il la regardait sans plus la reconnaître, imperméable entrouvert et chevilles nues, au milieu des bûcherons et des fumées suffocantes qui prolongeaient, lui semblait-il, les idées triviales qui pouvaient passer par la tête des trois hommes en cet instant.

Ses propres pensées s'exagéraient, et il lui paraissait même — bien injustement sans doute — que Lilia n'aurait rien dit si l'un des larrons s'était autorisé à lui flatter la hanche ou la poitrine. Dans un excès d'émotion, ne la sentait-il pas offerte, prête à partager avec ces hommes des bois une sensualité qu'il avait toujours réprimée ?

L'un d'eux alla chercher une gourde, vida un peu de son contenu clair dans un gobelet en ferblanc, qu'il tendit à Lilia. Le professeur la vit, sans la moindre hésitation, porter le gobelet aux lèvres et lamper d'un trait ce qu'il pensait être un alcool fort. Où tout cela allait-il s'arrêter ? Leurs voix se perdaient dans les grésillements du feu.

René Rolland, le souffle en suspens, victime de lui-même, regardait tout comme un témoin, sans parvenir à faire corps. Il avait l'impression d'être repoussé tout en restant cloué sur place. Comme s'il avait l'œil collé au trou d'une serrure.

Il n'avait jamais été de ces farauds qui vont vers une femme comme on se lance à l'abordage. Mais, tout de même, dans une moindre mesure, n'aurait-il pas dû, au cours des années, se montrer plus entreprenant avec son assistante, faire preuve d'un désir sain, naturel et franc ? N'aurait-il pas dû profiter de cette lueur peut-être amoureuse, en tout cas ambiguë, qui étincelait à des instants furtifs dans ses yeux ?

Un farfadet tentateur, mi-ange, mi-démon, le taquinait, lui enrayait sournoisement l'esprit de désirs indéfinis, troubles, impatients. Il se rappela, tout attendri, qu'il s'était toujours senti captif d'amoureuse manière à la vue d'un joli mollet ou d'une nuque aux cheveux relevés, se retrouvant ensuite seul et fébrile, le cœur résonnant, comme un fétichiste au milieu de lingeries volées à la vie.

Mais voilà qu'un souvenir précis, enfoui depuis le commencement comme une menace, refluait à sa conscience. Une de ces images dangereuses qui peuvent perturber une vie à tout jamais, un songe insidieux venu de la face cachée de la Lune, de cette partie ombreuse de lui-même qu'il n'avait jamais investie. C'était fascinant comme lorsque la solitude se peuple d'émois.

À l'époque, Lilia était encore une élève. La jeune fille avait les cheveux coupés court, une figure émaciée, des yeux vifs et clairs, la poitrine souvent effacée sous un pull trop lâche, et les gestes gauches d'un garçon.

Les étudiants de sciences humaines avaient organisé leur soirée de fin d'études dans un ancien pavillon de chasse, à côté du domaine universitaire, et invité leur professeur. Une souche de pommier brûlait dans l'âtre sur une joaillerie de braises. On buvait de la limonade, de la bière, de l'alcool de genièvre. Dans la pièce contiguë, des disques jouaient sur un électrophone et des ombres ondulaient sous la lumière colorée.

Tout à coup, le rythme changea, plus endiablé, et un couple se lança dans un rock acrobatique. On fit cercle autour d'eux. Les deux danseurs se démenaient dans une parade complexe, distribuée en séquences sur les rythmes imprimés ; ils opéraient à perte de souffle, se déployaient en une chorégraphie sûre et fougueuse, pleine de figures rapides. Les corps s'esquivaient, se recevaient en creux, se détendaient, viraient et voltigeaient. À plusieurs reprises, la fille, la taille serrée dans un jean, fit la roue sur les reins de son partenaire, qui la récupérait ensuite d'une poigne alerte.

Alors qu'il se retournait par inadvertance, l'attention du professeur avait été attirée par l'attitude étrange de Lilia Laurent. Détachée de tous les autres, comme si rien ni personne ne pouvait plus l'atteindre, la jeune fille s'était approchée de l'âtre, hypnotisée par les flammes qui creusaient dans la souche à coups de langues lestes et bleuâtres, en projetant sur les murs des ombres vacillantes.

Elle s'était accroupie dans la posture d'une vestale, recueillie. Dans le mouvement, sa jupe, cette courte jupe mise pour la circonstance, s'était relevée à mi-cuisses, comme pour mieux s'offrir aux caresses indéfinies d'un dieu païen. Sous les reflets du feu, la peau nue semblait d'une lisseur inouïe, un satin d'or fluide. La jeune fille paraissait se dissoudre silencieusement dans son propre rêve, sans avoir conscience de son image fascinante.

Le souffle en suspens, René Rolland basculait insensiblement dans un monde d'émotion dont il ne connaissait ni les principes ni les pièges. À regarder fixement l'étudiante, qu'il distinguait pour la première fois de toutes les autres, il éprouvait dans les zones retranchées de ses sens un vacillement illimité et intime, un attrait d'ordre érotique dont les ondes ne cessaient de se propager comme les cercles d'un écho.

Le soupçon l'effleura que la jeune fille ne s'abandonnait pas à cette pose tout à fait innocemment, mais parce qu'elle se savait observée. Le désir qui était le sien, qui lui traversait les fibres, n'était peut-être que le reflet de celui de Lilia, des remous provoqués en lui par ce qu'elle éprouvait, elle, dans un tremblement imperceptible.

René Rolland n'avait recouvré ses esprits que sous la flaque froide du verre de bière à moitié vide qu'il avait alors, malencontreusement, renversé sur son pantalon. Aussitôt, confus, empressé, il s'était efforcé d'éponger avec son mouchoir cette traînée mousseuse et bruissante, pendant qu'une ombre scrupuleuse balayait de son esprit l'image brisée de la jeune fille s'offrant au feu.

— Lilia !... cria-t-il tout à coup, comme un oiseau pris au piège.

Elle accourut à travers les remous des fumées infernales, en fermant d'une main les pans de son imperméable. Les ouvriers étaient retournés près des feux, et on les voyait soulever les branches à grands coups de fourche. Un merle cisaillait au profond du taillis. L'air, tout autour, enflait comme un verre obscur.

Le professeur et son assistante s'étaient éloignés le long d'une sente où les forestiers avaient tiré des troncs d'arbre en faisant sourdre la boue. Des coulées visqueuses et verdâtres, dont l'odeur macérée, âcre, prenait à la gorge.

Comme il la précédait, s'aventurant sur une partie lisse, le professeur glissa, perdit l'équilibre, se pencha vers l'avant, les bras battant dans le vide, pour ensuite se relancer en arrière et, n'ayant rien à quoi se raccrocher, tomber brutalement sur son postérieur. Le tout s'était passé en un éclair, une figure brisée, une chorégraphie rompue où son corps, en l'espace d'un instant, avait décrit une arabesque rapide, pour se retrouver rendu au sol.

Réprimant un rire instinctif, Lilia s'empressa de l'aider à se relever, le soulevant par-derrière sous les aisselles. Mais, comme il se redressait à demi, son pied dérapa encore, et la boue qui lui maculait déjà le fond du pantalon tacha au corsage l'assistante courbée vers lui dans la manœuvre.

Sans prendre attention qu'il avait de cette fange visqueuse sur les doigts, il s'accrocha à ses épaules, à son cou, imprimant d'autres traînées sur elle, qui les reportait ensuite sur lui en le serrant au corps.

Au contraire d'en rire, ils se retrouvèrent pleins de gravité et de rancune en dehors du chemin, humiliés et offensés, le sang agité, effarés à l'idée d'arriver dans cet état à la salle des conférences. Vite, il fallait éponger, essuyer, sécher, gratter toutes les traces !

Révélant ce sens pratique dont la plupart des femmes font preuve en amour comme dans les circonstances du malheur, Lilia sortit un mouchoir de poche et se mit à essuyer d'abord les marques qu'il avait sur le veston. Elle procédait par traits rapides et nets pour ne rien empirer. Elle y réussit assez bien, et ils sentirent renaître en eux un optimisme qui minimisait les dégâts.

Mais lorsque la jeune fille s'intéressa de plus près à la tache effroyable et flasque qui souillait le fond de son pantalon, elle comprit que le mouchoir, aussitôt imbibé, n'y suffirait pas. Elle arracha une poignée d'herbes et, lui recommandant de tendre vers elle son arrière-train pour faciliter l'opération, comme elle l'eût dit à un enfant crotté, elle se mit en devoir de retirer le plus gros de la boue. Elle arracha d'autres herbes, d'autres tiges, opérant par raclements progressifs, mais en étendant en même temps la traînée.

Cette manœuvre samaritaine l'autorisait d'être sans pudeur, sans ménagement, mais lui commandait de procéder avec science, avec une énergie prudente. Il eût sans doute été plus sage, si le temps ne les pressait, de laisser tout sécher pour ensuite décoller les traces durcies de la pointe d'un canif.

René Rolland avait l'esprit trop ébranlé pour pouvoir profiter des attouchements intimes qu'on lui prodiguait. Bien qu'à certains moments, tout de même, quand la mouillure collait crûment à la peau, il éprouvât fugacement des sensations inédites. Il ne songeait pas à décider de façon lucide si cette promiscuité ménageait l'idée d'une aventure presque personnelle ou si elle l'entraînait sournoisement dans un jardin de fantasmes.

Lilia déclara tout à coup d'une petite voix accablée qu'elle était impuissante à y remédier davantage. Elle l'invita à se redresser, et constata que son veston, même s'il le portait en arrière, ne cachait la tache qu'à demi. Qu'à cela ne tienne, il n'aurait qu'à endosser son imperméable à elle, un peu trop court pour lui, mais de deux maux il convenait de choisir le moindre. Les conférenciers excentriques, peu soucieux de leur apparence vestimentaire, plaisaient souvent aux étudiants, qui y voyaient le gage d'un exposé original.

Restaient les taches visqueuses, ces baves verdâtres, sur le corsage de la jeune fille. Spontanément, dans un échange de bons procédés, René Rolland voulut y porter la main et l'essuyer à son tour, mais il fut gelé dans son élan, rencontrant une frontière infrangible, la brûlure d'un interdit qui n'était qu'en lui-même.

Sans laisser transparaître le moindre amusement, Lilia s'attacha à effacer elle-même les traces avec des feuilles d'herbes. Elle gonflait la poitrine pour que l'étoffe ne conserve aucun pli où la boue resterait logée, dissimulée à l'inspection. Tout proche d'elle, il la regardait s'essuyer, comme dans un spectacle de l'exiguïté, de l'intimité. Elle frottait sa poitrine avec une énergie qui lui semblait manquer de délicatesse, et ne réussissait qu'à étendre le mal, se barbouiller davantage. Le remuement des seins, il l'éprouvait presque physiquement, comme les secousses d'une émotion qui effilochait ses pensées, ébranlait confusément ses sens.

Comme Lilia ne parvenait à aucun résultat satisfaisant, et que l'heure tournait, elle se croisa un foulard sur la poitrine, et ils repartirent, lui dans son imperméable à elle. Pour la première fois, compagnons de la même infortune, il osa prendre son assistante par le bras, tout le long du sentier qui les ramenait vers la salle des conférences.

Une nuit de Saint-Valentin

Depuis quatre jours j'étais en studio à Toulouse pour enregistrer des contes, et la dernière séance se passait plutôt mal. Des problèmes techniques nous obligeaient continuellement à des coupures et des reprises ; toujours un souffle subsistait sur la bande. Peut-être aussi n'étais-je pas spécialement en forme. Que vaut un raconteur quand il perd le magnétisme et la grâce ? Derrière la vitre épaisse, comme un lamantin dans son aquarium, je n'en menais pas large ; j'avais l'enthousiasme très entamé et la voix de plus en plus rauque.

Le metteur en ondes décida que nous reprendrions après une petite pause. Il trouvait ma voix éraillée tout à fait appropriée pour les situations scabreuses que j'avais à relater dans la dernière histoire. Avec une conviction et une chaleur qui se voulaient contagieuses, il s'efforçait de me rendre confiant et courageux, et mieux encore, capable et passionné. Je m'en retrouvai un peu ragaillardi.

L'heure tournait, il se faisait tard. Dehors, en cette mi-février, la neige s'était mise à tomber, sans un bruit, sans un frôlement, un tourbillon dru, une chevelure d'hystérique, agitée en stries silencieuses et blanches sous les lumières de la ville.

J'appelai Minna chez nous. Elle décrocha à la première sonnerie. En mon absence, elle avait rencontré Jacky et Jacqueline, un couple de professeurs en année sabbatique, qui s'installaient dans la région, à Pech Bourriat. Déjà nous étions invités à dîner, ce soir de Saint-Valentin. Avais-je oublié que demain était la fête des amoureux ?

— Jacky a l'air d'un fauve polaire, un de ces hommes de l'Alaska en chemise à carreaux. Quant à Jacqueline, bien qu'un peu maigre, elle te plaira : une fille-couleuvre, avec de grands yeux étonnés et une bouche charnue d'un rouge framboise.

— Qu'enseignent la couleuvre et l'ours polaire ?

— Chimie et géographie, mais il n'est pas question pour eux de reprendre l'enseignement. Jacky se cherche une nouvelle vocation. À quarante ans, je crois qu'il voudrait se définir en d'autres termes. Jacqueline, pour sa part, s'intéresse de très près à la physiothérapie. Tu sais, la guérison par les éléments et les variations de la lumière... Au fait, comment cela se passe-t-il à Toulouse ?

— Plutôt bien, mentis-je sur un ton désinvolte. On devrait terminer bientôt. Quelques raccords, certains passages à mettre au point. À part ça, il neige depuis deux heures.

— Ici aussi, et c'est magnifique. Le causse se transforme en féerie sous un ciel bleu-noir. J'ai envie d'aller à pied jusqu'à Pech Bourriat, en prenant par les Bories. Rejoins-moi chez eux aussitôt que possible, mais roule prudemment...

Ainsi conclu. Bien que ce dîner m'apparût dans une perspective peu exaltante, en compagnie d'un ours polaire qui se fouillait le poil et d'une fille serpentine qui s'était sans doute trouvée dans un artifice d'extase thérapeutique. Était-ce l'événement festif dont j'avais vraiment besoin, comme en récompense à l'effort passionné qu'il me fallait fournir à présent au micro ?

Il était près d'une heure lorsque j'arrivai à Pech Bourriat. La maison, longtemps restée en vente, était au bout du hameau. J'avais réussi, finalement, en studio, à enlever avec célérité la dernière histoire, dans un moment de grâce qui n'était plus espéré. C'est souvent en perçant le plancher d'une détresse extrême et sans remède que l'on rebondit malgré soi dans un monde où les choses se remettent à ronronner avec une harmonie exaltante. Il avait cessé de neiger. J'avais voyagé au milieu d'une fantasmagorie silencieuse, un royaume dont la blancheur soulignait les perspectives, ensevelissait les pâtures promises à un réveil enchanté. De furtifs éclats de verre brillaient à la lisière des forêts de chênes, dont les plus grands des arbres semblaient des mages aux bras alourdis de blanc.

J'arrêtai la voiture dans la cour. Il n'y avait de lumière nulle part. Je sortis dans la nuit noire et allai à tâtons vers le perron d'entrée, avec pour seule clarté le reflet de la neige qui crissait en se comprimant sous mes pas. Je frappai à plusieurs reprises, sans obtenir de réponse. La porte n'était pas fermée, simplement appuyée contre le chambranle. Des voix me parvenaient du fond du couloir.

Lorsque j'entrai dans la pièce — une petite cuisine en cours de réfection et d'une atmosphère surchauffée —, tous les trois baragouinaient un français abstrus et inintelligible, lors qu'ils paraissaient se comprendre entre eux et avoir la conversation la plus passionnée du monde.

Je découvris Jacky dans une grande djellaba rayée. Jacqueline s'était figée silencieusement, ses grands yeux aimantés tournés vers moi. Minna, le rouge aux joues, d'abord brièvement surprise, puis réjouie par mon apparition, se leva à ma rencontre. Elle perdit l'équilibre à l'instant où elle cherchait à m'embrasser sur la bouche. Machinalement je regardai vers la table : un litre de prune, aux trois quarts vide.

D'une voix fine, Jacqueline invoqua pour sa défense que Minna était arrivée toute transie chez eux. Comme elle ne parvenait pas à se réchauffer, ils lui avaient offert une goutte d'alcool, puis deux. Les reliefs du repas — civet de lièvre et navets glacés — gisaient sur un plat blanc, dans une gelée glauque. Jacqueline — qui me précisa que ses amis l'appelaient Jackie — me glissa un verre dans la main. C'était le gage obligé pour me mettre au diapason.

Tandis que Jacky et ma femme retombaient en conférence dans un langage incompréhensible, Jackie tint à me faire visiter les lieux. Elle écarta une tenture et me fit passer dans les pièces contiguës. Ils avaient tiré des lignes électriques, un circuit provisoire qui consistait en un réseau de rallonges à raccorder au fur et à mesure. Des ampoules nues éclairaient des caisses d'outils, des sacs de ciment, des rouleaux d'isolation, et plus loin, des gravats, un plancher percé, des plafonds écroulés dans une apocalypse de plâtre. Un filet de neige poudreuse coulait du toit, à l'endroit où ils aménageraient plus tard le bureau de Jacky. Des courants d'air fuyaient de partout. Sous une grande claque d'air froid, mon corps s'était contracté, et je faisais un bruit sifflé en respirant entre les dents.

— Évidemment, commenta Jackie, tout est à faire, mais c'est une véritable jubilation, ajoutant après avoir rencontré mon regard effaré : Tant pis pour le temps que cela prendra.

D'une démarche souple et sinueuse, elle monta par une échelle étroite, me montrant comme un astre inaccessible le cercle de ses fesses joliment rebondies dans un jean Lee Cooper.

Nous étions dans *leur* chambre : un large matelas posé à même le plancher et recouvert d'un tissu indien. Une télévision à grand écran, avec magnétoscope, faisait face à la couche. Sous la fenêtre, un radiateur électrique rayonnait en douce. Je remarquai autour des deux lampes de chevet des livres de médecine douce, l'album de Michel Serres sur les Anges messagers, des mouchoirs de papier froissés, et plusieurs tubes d'aspirine.

Ils avaient bâti sur les murs des penderies de fortune, chargées d'une extraordinaire collection d'habits exotiques. Comprenant ma surprise, Jackie expliqua qu'ils avaient beaucoup voyagé, avec cette « folie des fringues » qui leur avait fait acquérir des vêtements typiques de chacun des ailleurs qui les avaient enchantés. Elle énuméra rapidement en les parcourant de la main : des burnous berbères, des gandouras du Sud tunisien, deux haïks brodés, une série de kimonos de cérémonie — au passage, elle en retira un du rang. Il y avait encore des paréos tahitiens, des ponchos boliviens, des obis gris perle ou vert roseau à motifs ponceau, une bure de moine tibétain, plusieurs saris, des boubous de Côte-d'Ivoire. Est-ce que quelque chose me plaisait particulièrement ? Peut-être une gandoura ou une djellaba comme Jacky, pour me sentir plus à l'aise ?

Un grand vide subit s'était fait dans mon esprit. J'avais porté instinctivement les doigts vers la robe de moine tibétain, lorsque je fus alerté par un glissement de tissu derrière moi. Je me retournai pour découvrir Jackie enfilant le kimono après avoir retiré jean et tee-shirt. Très furtivement j'entrevis les cuisses lisses, le triangle blanc d'un slip de fine dentelle.

En me parlant, elle retira d'un geste expert son soutien-gorge par l'échancrure du kimono. Comme un éclair d'écume ! J'en eus le souffle en suspens. Les seins qui frottaient à présent librement contre la soie fluide, c'était comme s'ils s'aiguisaient en moi, à la lisière indéfinie de mes sens ou de dieu sait quoi.

Je n'étais pas tout à fait remis de l'émotion lorsque nous revînmes dans la cuisine, où régnait toujours une chaleur d'étuve. Jacky était accroupi au sol, sa djellaba godant à grands remous autour de lui. Davantage qu'à un ours polaire, il ressemblait ainsi à un eunuque grassouillet, bien qu'une pilosité exceptionnelle montant de la poitrine par l'échancrure plaidât en faveur de sa virilité. Il contait une légende arabe où il était question de caprices, de ruses et de poudres aphrodisiaques ; Minna, les yeux brillants, réclamait à petits cris joyeux force détails, dans lesquels se complaît toujours la curiosité suspicieuse et subtile des femmes.

Je l'observais avec inquiétude. L'alcool donnait souvent à ma compagne des audaces et des inspirations diaboliques. Ne l'avais-je pas vue au cours d'un mariage, après avoir lampé du punch comme s'il se fût agi de jus d'ananas, se mettre à déshabiller la mariée sous l'œil ahuri et choqué des deux familles ? Je fis remarquer qu'il était déjà très tard, ou plutôt très tôt — mais je ne fus pas entendu. Le dessert était encore à servir — une forêt-noire, selon une recette secrète de Jackie.

Au dessert, tandis que le chocolat, cuillerée après cuillerée, nous fondait exquisément dans la bouche, il fut question d'autres perspectives possibles. J'étais surpris de les trouver tout à coup sérieux, éloquents, pleins d'une gravité magnétique et complice, comme s'ils ressaisissaient le fil d'un dessein clairement élaboré entre eux. Ils nous entretinrent de la liberté du couple, du parti pris de l'ouverture, du plaisir à ne pas se refuser, et de l'échange en dehors des conventions établies, des frontières strictes et stupides dressées par la morale. Ils s'aventuraient de manière habile, subtile, sinueuse, pour faire entendre une invitation qui ne s'affirmait pas encore positivement. Ils se relayaient en tandem, elle d'une voix fluide, et lui avec une férocité voluptueuse, qui s'efforçait de créer l'atmosphère propice, de langueur, d'échauffement, d'exultation dangereuse.

Je les écoutais avec une méfiance amusée, retranché sur un quant-à-soi légèrement escarpé. Minna gardait les yeux fixes, la tête inclinée, comme si toutes ces paroles ne l'atteignaient pas vraiment, ou que la proposition, pour lui devenir perceptible, devait traverser un état d'âme, une atmosphère personnelle. Elle fit je ne sais comment un faux mouvement et se plaignit d'une douleur aiguë dans la nuque. Jacky profita aussitôt de l'aubaine pour lui appliquer un massage scandinave des vertèbres cervicales. Au bout d'un moment, comme elle s'émerveillait de ne plus rien sentir du tout, les doigts prolongèrent leur action thérapeutique au creux des reins et au galbe des hanches.

Jackie s'était assise sur mes genoux. Comme je me mettais à gigoter, elle m'interrogea à voix basse. Est-ce que je cherchais une position plus confortable ? Ne m'écrasait-elle pas quelque chose ? Mes doigts parcouraient un espace de satin chaud, lorsque je réalisai que ma main s'était glissée sous son kimono. C'était infini et lisse. Mais ma main y était-elle allée d'elle-même, ou mon hôtesse l'y avait-elle introduite ? On sentait bien que tout cela pouvait déraper, s'enchaîner et s'achever en partouze. Je me dégageai avec une douceur polie, je devais trouver vite comment nous dépêtrer avec un peu d'élégance d'une situation qui risquait de devenir scabreuse.

Redressant la tête, je surpris le regard que Jackie lançait à Jacky, un regard tout à la fois d'incompréhension, de dépit et d'impuissance coupable. Mon attitude les déconcertait. Les choses, sans doute, ne se déroulaient plus exactement comme ils l'avaient imaginé, sur une partition en glissements progressifs.

Ce fut alors que se produisit l'accroc. Un de ces grains de sable ou de sel qui s'infiltrent dans une machinerie pourtant bien huilée pour entraîner les plus grands désordres, les plus grandes destructions, ou à tout le moins remuer des bassines de linge sale. Sur un ton qui se voulait banal, Jackie, maladroite dans le manque d'inspiration, rappela que l'après-midi même les enfants du hameau avaient traité Jacky de gros veau. Gros oui, mais veau ? Jacky le prit aussitôt très mal. Il protesta en s'accompagnant d'une contorsion faciale alarmante ou grotesque, bien décidé à ne pas se trouver gros ni bovin ; il avait un peu d'embonpoint, tout simplement. « Ce n'est pas ce que je voulais dire... » Jackie voulut rectifier ou réparer ; ce fut pire. Le ton monta et tout s'envenima. De réplique en réplique, leurs voix se firent acérées, sifflantes, aigres, persiflantes, révélant de quels déchirements intérieurs ils étaient la proie. Ils se reprochaient méchamment des tromperies, des trahisons minuscules, des lâchetés d'importance, et des flots de mensonges. Un quart d'heure plus tard, ils en étaient à s'injurier, et à insulter du même coup leurs père et mère respectifs, qui les avaient gâtés, atrocement dorlotés, et pourris jusqu'à la moelle.

Était-ce cela le désir échangiste, qui n'a pas résolu ses contradictions ni réussi son accord d'âme, et qui voudrait reporter ses discordances sur le territoire charnel d'un couple séduit ou à séduire ? Minna restait éberluée au milieu des éclats de voix ; il était l'heure de nous débiner.

Quelques instants plus tard, nous nous éloignions en voiture. Les phares trouaient la nuit, débusquaient des arbres rabougris, enchapés d'une fourrure d'hermine. Le ciel s'était dégagé sur un cortège d'étoiles, un long charroi d'étincelles froides et bleuâtres. Bientôt nous arrivâmes chez nous et je dis à Minna que j'avais tenue éveillée durant le parcours :

— Je n'aurai pas la force de te porter. Aussi, sors de la voiture, marche vers la maison et monte dans la chambre, tout cela sans réfléchir...

Je la rejoignis après avoir remué les braises du feu, trouvant sur les marches de l'escalier les vêtements dont elle s'était défaite à mesure... pour la découvrir enroulée dans les couvertures, dormant comme un petit bonheur, « un ange qui ne garderait au réveil que quelques images maussades et vite effacées d'un bref séjour en enfer ».

Chez l'habitant

Mon exposé s'était déroulé devant les six membres du Cercle culturel et quelques désœuvrés alertés par les affiches, notamment un personnage obèse et poussif, logé au premier rang, qui avait fini par s'assoupir sur sa chaise en fermant à demi ses yeux bleuâtres. Le contrat, conclu par téléphone, prévoyait un pourcentage sur les entrées et le logement chez l'habitant — pour éviter les frais inutiles.

Après quelques applaudissements enthousiastes, un homme s'avança vers moi, se présenta sous le nom d'Alain Picquereau, chargé par le Cercle de s'acquitter de la seconde clause de mon contrat.

M. Picquereau, qui m'invita bientôt à l'appeler Alain, était un grand maigre dégingandé, la cinquantaine égarée, professeur d'histoire au collège. Il était vêtu avec un peu d'extravagance d'un veston à carreaux et d'un pantalon rose-mauve. Il portait sur tout des yeux illuminés et vifs, arborait une chevelure rousse et hirsute, s'exprimait d'une voix argentine, avec une nervosité fébrile. Alain résidait à l'écart de la ville.

Tant qu'à loger chez l'habitant, et à être introduit dans un lieu d'intimité, pourquoi le ciel ne ménage-t-il pas au conférencier pèlerin la faveur d'une charmante et sémillante hôtesse, plutôt que de l'accabler d'un amphitryon dont il a à redouter la conversation ?

Il m'embarqua à bord d'un break Peugeot 403, modèle décapotable, à l'arrière duquel se tenait assis un énorme chien noir — bâtard, me fut-il précisé —, un croisement tout de même assez fameux entre un grœnendael et un labrador. Le cerbère, qui répondait en principe au nom de Tango, m'observa sans remuer aucun muscle, la tête courbée contre la capote, souverain et taciturne, comme s'il montait la garde autour d'une rotule de bœuf enfouie dans ses songeries canines.

La Peugeot démarra avec quelques entrechoquements stridents dans les entrailles, et bientôt nous circulâmes dans les rues vides, à une allure modeste mais bruyante, tandis qu'Alain déplorait le public restreint à ma conférence. « Comment faire pour tirer les gens de chez eux ? Il faudrait trancher toutes les perfusions télévisuelles. » Le front soudainement buté, incliné vers le pare-brise, il parut chercher à démêler une énigme, se rappela dans un éclat de rire qu'il devait faire un détour pour prendre une pizza surgelée chez une collègue du lycée. *Est-ce que j'aimais les bonnes pizzas ?* D'un coup de volant il engagea la voiture à l'intérieur d'un lotissement, s'arrêta au numéro 17 d'une rue dont je ne sus jamais le nom.

Il n'en avait que pour un instant. Je le vis s'éloigner vers une maison bel étage, dotée d'un escalier extérieur, en évitant avec des déhanchements d'échassier les flaques d'un orage récent. Et je restai seul avec Tango. *Ça va, mon chien ?* Le cerbère répondit d'un grondement caverneux, monté des tréfonds de sa poitrine bardée de muscles durs. Comme l'attente se prolongeait, je fis mine de chercher ma pipe ; un second grognement, plus intimidant et implacable, m'en dissuada. Je me tins coi. Alain finit par réapparaître, tenant comme un garçon de salle une boîte de pizza sur le plat de la main. Se prenant le pied dans les pattes évasées de son pantalon, il manqua de dévaler l'escalier, pendant qu'une silhouette féminine, auréolée d'une lumière jaunâtre sur la terrasse d'entrée, adressait de la main un signe convivial vers la voiture.

Nous repartîmes, moi tenant la pizza sur les genoux. Un froid glacial me pénétrait les cuisses, mais je n'en dis rien. Un coup de langue me mouilla brusquement la nuque. Maintenant que j'étais porteur du repas, Tango me léchait le cou, me suçait le lobe des oreilles, sans que son maître fît rien pour l'empêcher.

Nous sortions de la ville pour entrer dans un domaine de nuit noire. Les phares tiraient de l'obscurité des murets écroulés, des clôtures, des arbres aux écorces éclatées, des poteaux indicateurs. D'une voix plus aiguë, Alain m'expliquait qu'il vivait seul. (Je n'avais pas pensé un instant qu'ils pouvaient être deux, et moins encore que l'espèce eût le projet de se reproduire.) Sa femme venait de le plaquer, partie avec leurs deux enfants, de six et neuf ans, qu'il récupérait un week-end sur deux. Désemparé, brisé, presque anéanti, il s'agitait depuis dans une pantomime de l'absurde, et se sentait, pour emprunter son langage plein de modernité, « à côté de ses pompes ».

Avec beaucoup d'inspiration, et quelques ruptures de ton, des bredouillements et des accents rauques d'émotion qui témoignaient en faveur de sa sincérité, il philosopha sur le propos : après la fête, la défaite ; après une courte euphorie, le lot d'habitudes où l'on finissait par haïr l'autre et se sentir encombré de soi-même. Il dénonçait avec rancune l'avarie, le fiasco sentimental, l'incompatibilité sexuelle, et il envisageait que l'on ne devrait jamais se marier qu'après un apprentissage sérieux, un essai d'accordailles assez long ; sinon, les deux partenaires se retrouvaient abruptement enchaînés comme des étrangers, avec des enfants à la clé. Enfin, ajouta-t-il d'une voix plus vaste en conclusion d'un discours assez chaotique, son ex-épouse et lui étaient des enfants de Mai 68 : une trop grande exaltation, une liberté sans limites les avaient peut-être abusés.

Sur une embardée, il engagea la Peugeot dans un chemin de terre, et bientôt je vis surgir, balayée par les phares, le genre de maison qui fut choisie pour *Psychose.*

Nous entrâmes par une porte de côté, dans la cuisine. Avec un empressement fébrile, Alain se dépensa aussitôt en toutes sortes de gestes, emportant la pizza ci et là, allumant le four, reprenant la pizza, la débarrassant de sa boîte, tout cela comme dans un exercice rapide de prestidigitation ; dans la foulée, il retirait deux verres d'une armoire, allongeait le bras sous l'évier pour saisir une bouteille de bordeaux entamée, et nous la servait en apéritif, accompagnée d'un ravier de pistaches.

Ancien soixante-huitard, Alain Picquereau avait conservé dans la mémoire des visions d'insurrection, de barricades, de pavés et de grenades lacrymogènes. Il avait vu les affrontements, les foules dispersées, et il s'émerveillait encore aujourd'hui de la mutinerie et du soulèvement, de la force exaltée qui voulait saper à la racine les fondations d'un monde mort.

Volubile et passionné, il finit par avouer qu'un soir il avait acculé un CRS dans une impasse pour le passer à tabac. Le souvenir lui arrachait des rires et des larmes, et il lui fallut se ressaisir pour continuer son récit.

Dans cette impasse noyée d'ombre, où montaient

des relents d'urine, ils s'étaient jetés sur leur proie, lui maintenant les bras et les jambes écartés en position de crucifixion, pendant qu'une fille furieuse lui envoyait des coups de parapluie dans les parties. Il l'avait laissé pour mort — mais, revenant ensuite sur les lieux du crime, par vague remords ou par curiosité, ils avaient découvert que leur victime s'était envolée ; à l'endroit subsistait une trace de sang blanc ou de liquide lymphatique, comme si un CRS n'avait pas de réalité humaine, mais relevait d'une sous-espèce animale, d'une famille de criquets à la cuirasse noire et aux mâchoires grillagées. En tout cas, cette trace témoignait assez strictement que le massacre n'avait pas eu lieu dans un fantasme ou dans un rêve longtemps refoulé.

Ce fut un grand moment dans notre conversation.

Durant ce récit à sensation, j'avais remarqué incidemment que quelque chose se mettait à tourner dans le four électrique. Sur le moment, j'avais pensé qu'il s'agissait d'un appareil à système rotatif. Mais ensuite, la chose s'était mise à tournoyer follement. Découvrant tout à coup, dans un court-circuit de conscience, que la pizza était toujours posée sur le bord de l'évier, j'en avertis aussitôt mon hôte.

— Merde de merde ! glapit-il en se précipitant. La tortue des enfants !

Il l'avait mise à l'abri dans le four par crainte du chat. C'était une petite tortue tropicale, réclamant un climat assez chaud, mais ne supportant toutefois pas d'être portée à des températures excessives. Elle séjournait dans une piscine en plastique transparent, agrémentée d'un palmier coulé dans la même matière, qui s'était écroulé à la chaleur sur des rochers miniatures. Les bords de la piscine avaient fondu en se recourbant, formant un couloir dans lequel la tortue courait à une vitesse effrénée. Elle était, par miracle, toujours vivante. Alain la saisit délicatement et, par toutes sortes de paroles mielleuses, s'efforça en même temps de la plaindre, de la réconforter et de solliciter son pardon. Il la déposa au fond de l'évier, où il laissa courir un peu d'eau, ajoutant à la réflexion du gravier (prélevé dans la litière du chat), pour qu'elle eût un îlot où se tenir. Dans un retour de geste, il glissa enfin la pizza dans le four préchauffé, ainsi que le conseillait la notice d'emploi sur le carton d'emballage.

Comme l'apéritif devait se prolonger, il s'en fut chercher à côté une autre bouteille de bordeaux.

L'instant suivant, je l'entendais pousser un grand râle d'exaspération. J'accourus pour le découvrir dans une rage domestique au milieu du salon : avec une pelle à cendres il s'efforçait de ramasser d'un seul bloc un énorme étron de Tango. « Comment lui en vouloir ? maugréait-il entre les dents. Avec la vie en bâton de chaise que je mène, je n'ai plus le temps de le sortir. » Ce capital fécal, malheureusement, ne s'était pas solidifié dans un bel enroulement logique, mais comme une chose avachie et molle, qui ne se laissait pas saisir aisément. Il dut s'y reprendre plusieurs fois, maniant la pelle puis la pince à feu, utilisant finalement une éponge en paille de fer pour gratter du mieux possible, sans trop la répandre, la trace qui s'était incrustée en brûlure brunâtre dans le tapis.

Cet intermède fit qu'en rentrant dans la cuisine nous trouvâmes la pizza cuite à point. Alain la partagea avec gravité en deux parts assez égales, et nous prîmes enfin notre collation du soir. L'appétit, d'être reporté, nous avait désertés, et il ne nous revint pas dès les premières bouchées. La pâte ne croquait pas sous la dent. Au contraire, son feuilleté, fondu dans une consistance caoutchouteuse et ligaturé par le fromage, s'attardait sur la langue, adhérait aux molaires, collait au palais, si bien qu'il nous fallut plusieurs fois y aller de l'index pour le déloger. Les papilles s'occupaient agréablement des quelques champignons et anchois disposés ci et là en garniture. Le tout, finalement, fut ingurgité avec force vin.

— Ce que nous avions gagné en mai 68 repart en fumée, reprit-il à brûle-pourpoint, comme si son discours, entre-temps, n'avait cessé de se dévider dans les empires du silence. Tout cet espace de vie qui s'était ouvert sur un champ de possibilités nouvelles se rétrécit aujourd'hui à une peau de chagrin, malgré toutes les aspirations. On nous taxait d'inconséquence et d'utopie, mais l'on n'admet jamais l'utopie généralisée, l'utopie de plus en plus oppressante qui perdure depuis 2 000 ans, et qui n'en finit pas de mourir. On ravale les façades, alors qu'à l'intérieur tout est déliquescence ; une force de décomposition dont la profondeur aura peut-être raison de ses apparences — il faut l'espérer. Dans la rue, on croise rarement un visage heureux, mais des légions de malades, malades dans leur chair, perturbés dans leur esprit, traumatisés dans l'âme, le cœur nécrosé, le sexe petitement pervers, sans compter que le plus grand nombre souffre sans en connaître le motif. Nous appartenons à l'espèce animale qui se distingue par le plus grand nombre de ses maux, la variété du mal, la multiplication de ces maladies dont la médecine, par ses progrès et ses spécialisations, a permis en même temps le développement dans les meilleures conditions.

Il devenait lyrique, lorsqu'il s'interrompit sur cette envolée, comme un ange rebelle en suspens. Il était trop tard ce soir pour développer le propos. Alain avait un cours demain à la première heure. Il était temps de nous coucher.

Sur l'instant, j'éprouvai une petite appréhension à l'annonce de ce « nous ». Comme je me levais, Alain me dit qu'il n'avait pas remarqué que j'étais si grand ; il en parut contrarié et prit un air désolé pour expliquer qu'il devait, faute de mieux, me loger dans la chambre des enfants — six et neuf ans, me rappelai-je opportunément.

Nous montâmes à l'étage, en tâtonnant dans le noir (l'ampoule de l'escalier était grillée), et il m'invita à choisir le lit de Sébastien (neuf ans). Ce lit offrait l'avantage de ne pas être à barreaux, et même de n'être pourvu d'aucun montant.

La chambre était une véritable caverne aux merveilles, telle qu'aurait pu la concevoir l'esprit pédophilique d'un Walt Disney : les murs couverts d'un tapis peint où les mêmes motifs de fleurs, de grenouilles et de canards bleus se reproduisaient à l'infini. J'allais coucher comme une Belle au bois dormant, entouré d'une colonie d'animaux en peluche, de kangourous, de koalas et d'oursons, disposés partout et quelquefois même entassés les uns sur les autres, qui ouvraient sur moi leurs yeux de verre émouvants — à l'exception de ceux qui avaient les yeux révulsés ou qui étaient borgnes, pour avoir sans doute été maltraités au cours des jeux.

— Bonne nuit, me souhaita Alain.

L'air était glacé ; je réprimai quelques frissons, bien qu'ayant pris la précaution de conserver mes chaussettes. Après tout, dans ce lit étroit de l'innocence, je n'étais pas trop mal. Mon souffle en refluant formait des volutes de fumée blanche qui tardaient à s'évanouir, pendant qu'une myriade d'yeux vitreux veillait sur moi. Il n'était plus l'heure de m'occuper l'esprit avec quelque motif de dissertation. J'éteignis, pour profiter d'un repos mérité.

Je glissais insensiblement à travers les strates du sommeil, lorsque M. Picquereau rentra en catimini dans la chambre. Il s'efforçait de ne pas faire de bruit et se hasardait en tâtonnant vers mon lit. Dans la semi-obscurité, je distinguais son ombre menaçante se penchant vers moi. Sa respiration bruyante s'écoulait par saccades, comme happée sur les lèvres. Son visage fut tout à coup si proche du mien que je crus qu'il allait m'embrasser. Je jetai alors un mot, qui n'était pas encore de protestation, mais qui le fit tressaillir.

— Ah, vous ne dormez pas ? Excusez-moi, je dois me lever aux aurores et je cherche le réveil des enfants.

Fouillant dans le désordre à la tête du lit, il trouva enfin ce qu'il cherchait : un réveil en bakélite noire avec les oreilles de Mickey. Et il repartit à tâtons, refermant la porte sur une obscurité complète.

Je me réveillai au milieu de la matinée. Toute la ménagerie des oursons me sembla s'animer avec une certaine joyeuseté. Le soleil d'équinoxe projetait des taches d'or sur les murs ; je m'étirai pour chasser quelques raideurs dans le dos.

Tango m'accueillit en bas avec un grondement enjoué et câlin, et je lui donnai mes mains à lécher pour me garder ses faveurs. Alain m'avait préparé le petit déjeuner — café, toasts et confiture d'oranges — en laissant ce mot, d'une écriture chavirée : *Bienvenue dans un monde que l'on souhaiterait meilleur.*

Rhapsodie d'automne

Il ne faut pas retourner
vers les eaux qui nous ont envoûtés.

Après trois ans d'absence, Cosme rentra au pays. Déjà les soirées étaient froides et les arbres s'étiolaient avec une sorte de hâte. Il y avait abondance de noisettes et de noix. L'hiver, disait-on, serait précoce.

Cosme songea naturellement à Fannie. Durant ces années, il l'avait presque oubliée, mais, depuis qu'il avait franchi la frontière, tout dans sa tête tournait de nouveau autour d'elle.

Une voiture l'amena à Castelnau à la nuit tombée. La campagne pesait comme une grande peau de bête et il n'y avait pas d'étoiles. Il respira profondément. Et dire que trois ans auparavant il allait mourir !...

Cosme marchait vers les collines boisées. Le vent se levait et faisait bruire les feuillages comme s'il allait pleuvoir ; et précisément, il se mit à pleuvoir.

— Allons bon, se dit Cosme en se renfrognant et relevant le col de sa veste.

Il portait un sac en bandoulière et ses souliers de routard à bouts ferrés semaient des étincelles bleuâtres sur les pierres du chemin.

Maintenant, il apercevait la maison détachée sur fond de ciel. Il y avait encore de la lumière aux deux fenêtres de la pièce de séjour. Fannie n'était pas encore couchée...

Plein d'impatience, il passa le portillon et entra dans la cour — retrouvant chacune des dalles où il avait souvent remué toutes espèces de pensées, en allant d'une pierre à l'autre.

Cosme remarqua alors, au milieu de la cour, que la pompe à eau était cassée. Il s'approcha, glissa les doigts à l'endroit de la fêlure, scruta les alentours avec l'impression qu'on l'observait, puis se promit de réparer cela.

Ensuite, face aux fenêtres éclairées, il appela Fannie, le visage levé sous la pluie.

L'une des fenêtres s'ouvrit et une silhouette se pencha.

— C'est toi, Cosme ?

Il l'entendit descendre l'escalier avec un joyeux empressement, et elle lui apparut dans l'ouverture de la porte. Fannie était toujours la même, et pourtant quelque chose en elle avait changé. Oui, elle semblait plus résolue, comme une femme qui sait désormais en quoi consiste son bonheur.

— Eh bien, entre, ne reste pas sous la pluie...

Et ils tombèrent dans les bras l'un de l'autre. Que c'était bon de sentir contre lui ses formes pleines et arrondies.

Le premier, il voulut monter l'escalier dans la semi-obscurité. Il connaissait par cœur l'écart entre chaque marche et voulait s'assurer que sa mémoire ne le trahirait pas. L'endroit où l'une des marches avait été creusée par les eaux, l'endroit où le bord d'une autre était fendillé. Il portait ces détails dans sa tête et retrouvait tout comme auparavant. Pourtant, quelque chose manquait... Il s'arrêta, sur le qui-vive. C'est cela : il n'y avait plus de courant d'air. Les fissures dans les murs avaient été calfeutrées avec de vieux journaux. Au moment de pousser la porte du séjour, Cosme demanda si elle était seule.

— Non, pas vraiment.

Que voulait dire ce « pas vraiment » ?

— Je ne voudrais pas vous déranger, dit-il, en faisant mine de redescendre.

— Que tu es bête ! Tu peux rester ici tout le temps qu'il te plaira !...

À l'intérieur, un feu crépitait. La même lampe tombait bas sur la table recouverte à présent d'une toile cirée à carreaux bleus. Ce bleu, du premier coup d'œil, Cosme le repéra partout. Comme si la pièce en avait été éclaboussée. C'était un bleu d'une extraordinaire variété : des bols à lisière mauve, un vase décoré de pervenches, le violet d'un coussin...

Sur l'ancienne commode, repeinte évidemment dans un dégradé de bleus, il y avait aussi la présence nouvelle d'une radiocassette. Comme désorienté, Cosme se retourna instinctivement vers Fannie et s'aperçut qu'elle aussi portait du bleu sur les paupières.

— Tu n'as pas bonne mine, releva-t-elle sur un ton de reproche. Il fait un temps détestable ce soir. Tu dois avoir faim... Après toutes ces années, comme je suis contente !

Virevoltant, allant et venant, elle disposa sur la table le vin, le pain, plusieurs fromages : aux noix, à l'ail, aux fines herbes.

— Nous avons à présent une chèvre, Larissa, qui donne le meilleur lait. Il faudra que tu fasses sa connaissance.

Sans se formaliser de ce « nous », Cosme sortit son canif et se mit à manger, bouchée de pain, bout de fromage.

— Et maintenant, raconte...

Fannie s'était assise devant lui, le visage entre les mains.

Cosme avait eu de bons moments. À Ostende, il avait accompagné les pêcheurs en haute mer. Il s'était embarqué sur un vieux rafiot à destination d'Oslo. En Norvège, il avait gardé des chevaux sauvages ; il logeait dans une sorte de hutte et un Lapon lui apportait tous les soirs de quoi manger. En Allemagne, il avait même été surveillant dans un pensionnat de jeunes filles.

— De jeunes filles ? Ce n'était certainement pas pour te déplaire.

Cosme devina une présence dans son dos. Il ne se retourna pas tout de suite. Cette présence, il la sentait telle une ombre mince, presque transparente, avec quelque chose de froid, d'inflexible.

— Oh, viens, Anja !... que je te présente... mon mari. Après toutes ces années, Cosme est de retour.

Et Cosme, pivotant sur lui-même, découvrit Anja en chemise de nuit, les hanches à peine marquées, les cheveux coupés court, la poitrine menue, si menue...

Anja vint s'asseoir à côté de Fannie. Là, toutes les deux, devant lui. Cosme ne trouvait plus ses mots. Il reprit du vin.

— Nous allons boire avec toi, à ton retour.

— Pas pour moi, répondit Anja, repoussant doucement le verre que Fannie lui offrait. Tu sais que le vin me réussit mal.

Avec le vin, sa langue de nouveau se délia, et Cosme se remit à parler de ses voyages aventureux. Mais, au fur et à mesure qu'il racontait, les événements perdaient leur relief, comme si tout ce qu'il avait vécu à travers l'Europe n'avait plus d'importance. À la vérité, l'esprit de Cosme était ailleurs : autour de la toile cirée de la table, des bols bleus, du coussin à reflet violet — et il était aussi captivé par la présence d'Anja, par ses petits yeux scellés de silence.

— Ne le prenez pas mal, dit celle-ci en se levant, mais je tombe de fatigue.

Et Cosme resta devant sa femme, sans plus aucune inspiration. Le silence entre eux devenait d'une extrême densité.

— Je crois, moi aussi, que je ferais bien d'aller me coucher, dit-il.

Fannie alluma la lampe à pétrole et la lui tendit.

— Tu sais, nous avons toujours un lit d'ami dans le grenier.

Et elle lui souhaita la bonne nuit.

Dans le grenier, à la clarté incertaine de la lampe, les objets revêtaient un aspect fantomatique. Cosme se déshabilla sans tarder et se glissa sous les couvertures. Il avait les pieds froids. Il souffla la lampe, et un filet de fumée âcre se répandit sur sa figure.

Un long moment, sans pensées, il écouta les bruits assidus de la pluie contre les tuiles.

Et dire que trois ans auparavant... De cela, il n'avait jamais parlé à personne, pas même à Fannie. Il se rappelait, dans une distance, la visite au médecin. Sur la radiographie, cette sorte de chenille blanche était une tumeur. Comment le mal peut-il venir de la blancheur ? Cosme avait conservé son secret pour lui seul. Comme un insensé, il avait alors décidé de profiter de la vie, voir du pays, connaître une foule de femmes... Et puis, au cours de ses voyages, le mal était resté au cran d'arrêt. Maintenant, rentré chez lui, Cosme n'avait plus l'impression d'être en survie.

Cosme se réveilla au milieu de la matinée. Un rayon de soleil tombait de la lucarne. Il s'étira, puis demeura emmitouflé dans les couvertures. Il s'efforçait de ne songer à rien, et pourtant il y avait une foule d'idées prêtes à l'assaillir.

On frappa quelques coups menus contre la porte. Fannie lui apportait du café chaud et s'étonna de le trouver encore couché.

— Je crois que j'ai pris froid, dit-il. Ou bien est-ce la fatigue accumulée durant toutes ces années...

— Tu as toujours aimé te faire dorloter, répondit-elle sans paraître dupe.

Fannie s'assit sur le bord du lit et le regarda boire sa tasse de café. Puis demanda ce qu'il comptait faire.

— Cela se décidera de soi, déclara-t-il d'un ton évasif.

Il n'avait jamais aimé faire des projets ni des promesses à long terme.

— Repose-toi, dit-elle. Je vais chercher de l'eau au village.

De l'eau ? Il avait oublié que la pompe était cassée.

— On l'a trouvée ainsi un matin, fendue, sous la poussée d'un bloc de glace.

Peu après, il entendit la voiture qui s'éloignait. Le corps encore engourdi par le café, Cosme retomba dans un sommeil sans rêves. Lorsqu'il rouvrit les yeux, la journée était bien avancée. Il perçut des trottinements en bas, et appela Fannie.

Il entendit des pas monter l'escalier, et demeura couché sur le dos, les mains sous la nuque. Mais subitement il se rendit compte que les pas qui approchaient n'étaient pas familiers.

— Fannie n'est toujours pas rentrée. Vous désirez quelque chose ?

Devant Anja, Cosme se sentit gêné, presque coupable de conserver une position aussi indolente. Il se redressa, les épaules appuyées contre le montant du lit, tirant les couvertures sous le menton.

— Quel nom étrange, Anja...

Il aurait aimé la voir s'affairer autour de lui, mais elle restait figée.

— Je suis née à La Haye et ma mère était russe. Si cela vous suffit comme explication...

Elle disait tout sur un ton tranquille et impassible.

— J'étais venue me reposer dans la région, et j'ai rencontré Fannie au marché de Lalbenque : nos mains se sont trouvées dans le même cageot.

Comme pris en faute, ils furent interrompus par la rumeur de la voiture qui rentrait en bringuebalant dans les creux du chemin. Anja s'était éclipsée. Cosme se leva et s'habilla sans hâte. En bas, il croisa Fannie.

— Je vais faire un tour, dit-il.

— On dirait que tu as repris des couleurs !

Il se dirigea vers le bois : un petit labyrinthe où les arbres s'effeuillaient, des chênes, des érables rougis par les premiers froids. En marchant, Cosme trouva quelques girolles, ici, là, et plus loin. Il les récolta dans le pli de son chandail relevé d'une main. C'était comme si les odeurs trop mûres de l'arrière-saison s'étaient condensées au creux de ces chapeaux à lamelles.

Quand il rentra, Fannie lisait et Anja, de son côté, enregistrait un quatuor de Bartók. Il leur montra les girolles. « Ce serait l'occasion d'une petite fête. »

Ensuite, il tint à s'occuper du ménage. Il fit la vaisselle, passa l'éponge sur la toile cirée de la table, donna un coup de balai. Il cherchait à tromper l'attente, tandis qu'elles, par instants, redressaient la tête, irritées d'un tel affairement. À la fin, Anja saisit le casque d'écoute et coupa le son extérieur. Fannie et lui furent plongés dans le même silence.

Dehors la nuit était tombée dans une grande avancée d'ombre froide. C'étaient les derniers rougeoiements du soleil couchant. Bientôt la lune prendrait le relais, levée comme une mongolfière mystérieuse.

Fannie referma son livre pour aller traire Larissa.

— Viens avec moi, si tu veux.

Dans la bergerie régnait une chaleur moite. Cosme resta en retrait et Fannie commença la traite. Elle enveloppait les mamelles entre ses doigts, et pressait, un pis et puis l'autre.

— Tu veux essayer ?

Elle lui céda la place. Il pressa un pis, et rien...

— Laisse-moi te montrer.

Elle posa les mains sur celles de Cosme, remonta leurs mains unies puis resserra leurs doigts en anneau autour de la mamelle qui enfla à mesure. Un jet tinta dans le seau. Bientôt, Cosme, trouvant le rythme, put le faire seul, gagné par une sorte d'ivresse.

Lorsqu'il se releva, la tête lui tournait un peu. Des cercles se dénouaient autour de l'ampoule. Fannie se pencha ; il voulut l'aider à porter le seau et elle crut qu'il allait la prendre dans ses bras comme autrefois. Mais il prit seulement le seau et Fannie baissa les yeux, avec une envie de pleurer.

Au cours de la soirée, Anja repassa le quatuor de Bartók et elle parla à Cosme de cette musique qui éveillait à l'esprit l'image d'un paysage d'hiver, d'un traîneau tiré par des chevaux dans la neige, avec des tintements de grelots, des cris d'oiseaux sauvages. Elle décochait des clins d'yeux à Cosme tout en parlant.

La radiocassette s'arrêta d'elle-même après un cliquetis. Le silence revint, le temps interminable. Fannie cherchait à s'absorber dans son livre. Anja tentait d'obtenir France-Musique en fréquence modulée sans un continuel sifflement. Cosme, enfoncé dans son fauteuil, plissait tranquillement les yeux : les choses devenaient floues et le bleu paraissait sourdre de l'ombre par toutes les brèches.

— Je vais me coucher, annonça Fannie.

Un temps.

— Tu viens, Anja ?

Au ton de sa voix, il n'était évidemment pas question que son amie restât seule avec son mari.

Cosme n'avait pas sommeil. Mais, dans l'espace vacant de la pièce, il se sentait démuni, désœuvré, progressivement oppressé. Il monta au grenier, en éteignant la lumière derrière lui.

Le lendemain matin, quand Cosme se leva, le jour bleuissait les carreaux de la cuisine. Il fit le café, puis alla prendre l'air, marchant jusqu'au noyer en bordure des pâtures.

Revenant vers la maison par le côté, à la fenêtre de la chambre, il aperçut Anja à sa toilette. Il l'observa sans bouger. Puis il lui parut inconvenant et même cruel d'épier une femme à son insu. Alors il sortit des feuillages et se mit à siffloter. Anja l'entendit sans sursauter, et continua sa toilette comme si personne n'eût été là.

On était un jeudi.

C'était jour de marché à Lalbenque. Cosme accompagna les deux femmes, assis à l'arrière de la voiture. Elles bavardaient entre elles tandis qu'il observait le paysage qui défilait derrière la vitre. Du regard, il suivait le soleil félin, qui sautait d'une branche à l'autre. À plusieurs reprises, il tenta d'intercepter le regard de Fannie dans le rétroviseur.

Sur le marché, les deux amies s'occupèrent des emplettes, riant, se montrant du doigt ceci et cela, alors que Cosme les suivait, taciturne. Il acheta un paquet de tabac et se mit à fumer entre les étals. Au retour, ils s'arrêtèrent au village pour emplir quelques jerricanes d'eau.

Ce fut Fannie qui prépara le repas.

— Un poulet rôti aux abricots, qu'en dis-tu ?

Cosme passa derrière elle, l'enserrant tendrement entre les bras, et elle s'abandonna contre sa poitrine, les yeux mi-clos. Elle entendait son cœur à lui battre, calme et régulier.

À ce moment, Anja se glissa furtivement dans la pièce en feignant de ne rien voir. Instinctivement le couple se sépara. Fannie releva une mèche de cheveux tombée sur son visage, et se remit à saler et à poivrer le poulet qu'elle tenait encore entre les doigts.

Anja apparut au repas revêtue d'une robe de soie noire. Dans l'échancrure du corsage, ses seins rapprochés dessinaient un mince sillon d'ombre. Cosme ne pouvait plus en détacher les yeux. Du regard il y revenait sans cesse, mine de rien, doucement affolé.

Anja se mit à boire plus que de raison. Elle devint volubile, gaie, exubérante. Elle décochait à Cosme des œillades. À plusieurs reprises, elle appuya la main sur son bras, une sorte de caresse. Ses lèvres se plissaient.

La figure de Fannie s'était assombrie. Elle froissait nerveusement sa serviette. À la fin, elle se leva précipitamment :

— Faites ce que vous voulez, mais moi, je vais me coucher.

Que lui prenait-il ?

Anja était devenue pâle. Cosme tournait une petite cuillère entre les doigts. Lui aussi ne savait que penser. Il prit la bouteille de cognac. Replié sur lui-même, il songeait à la raison qui l'avait poussé à partir trois ans auparavant. Allait-il avouer à Fannie le mal dont il croyait souffrir ?... Toute la peur panique de quitter cette vie sans en avoir profité...

Il releva la tête.

Anja essuyait le fard bleu sur ses paupières. Puis elle pressa la main sur ses lèvres — qui laissèrent sur la peau une trace rougeâtre. Un long moment, elle croisa les yeux de Cosme. Comme si elle cherchait une absolue réponse. Ensuite, d'un mouvement souple, elle se dirigea vers la chambre. Au fond du verre de cognac, dans la petite nuit d'un noir doré, Cosme aperçut son visage reflété. Il était près de briser le verre.

Avant que le jour se lève, des coups de métal retentirent dans la cour. Les deux amies, réveillées en sursaut, allèrent à la fenêtre et virent Cosme sous le toit attenant à la bergerie, où naguère il s'était aménagé une petite forge. Il avait retiré les parties fêlées de la pompe à eau et s'était mis en devoir de les ressouder.

Les deux femmes se détournèrent de la fenêtre, et s'habillèrent avec une joie impatiente ; elles avaient, elles aussi, envie de se montrer actives.

Parfois, elles passaient séparément dans la cour, passaient sans s'approcher de la forge, le regard tourné vers Cosme penché au-dessus des braises et qui tendait, avec des pinces à poignées de cuir, les parties fêlées de la pompe.

Lorsque les pièces furent chauffées au rouge, il les ressouda d'un fil couleur argent. Ensuite, il plongea la pièce dans une bassine d'eau : un grand chuintement de vapeur ! Cosme s'assit pour fumer une cigarette ; il regardait paisiblement autour de lui.

Puis il alla ajuster la pièce ressoudée au corps de la pompe. Il souleva le levier. Le piston jouait à vide. Il amorça d'un peu d'eau, et recommença à actionner le levier. Un long souffle frouait dans les tuyaux vers l'intérieur de la terre. L'eau afflua d'un claquement de langue.

Alertées, les deux femmes arrivèrent dans la cour pour voir Cosme, soûl et dansant, qui faisait jaillir l'eau à grandes éclaboussures.

Plus tard, dans la journée, les deux amies étaient descendues au village, et Cosme s'en alla par un autre côté, son sac en bandoulière. Il se retourna une dernière fois pour regarder la maison découpée sur fond de ciel, et cassa d'un coup d'ongle l'amarre très fine qui lui tenait le cœur là.

Une terrasse sur la Garonne

Quelquefois, en public, les mots vous viennent aisément. Il suffit de se lever, de délier quelques gestes, et les paroles se dévident l'une après l'autre, obéissant à une mystérieuse loi d'harmonie. C'est la fluidité et la grâce. Lorsque votre discours s'achève, une heure a passé comme cinq minutes ; vous vous retrouvez éberlué, ivre, assouvi, avec entre les tempes une toupie qui danse encore en cercles brisés après avoir décrit des spires magnifiques. Ne venez-vous pas d'être possédé de la manière la plus intestine ?

Cependant, cette matinée-là de *L'Écrivain à l'école* s'était déroulée au contraire dans l'âpreté, le détour tortueux et le rapiéçage constant. C'était la crevaison à tous les tournants, l'impossibilité complète de communiquer. Le temps s'étirait interminablement. J'écopais, cherchais mes mots, escamotais des expressions, m'embrouillais dans mes idées avec de maigres regains d'enthousiasme. La suée me venait à la poitrine et au front. La salive affluait et il me fallait déglutir régulièrement au milieu de silences énormes. Le public est là pour vous rendre capable de ce que vous êtes, mais cette assemblée de lycéens désabusés, élémentaires et informes à une période de leur vie qu'ils estimaient au plus haut point importante, ne me rendait pas capable de grand-chose. On leur eût parlé, avec une intensité mimétique, du peu de choses qui les intéressaient, qu'ils ne se seraient pas montrés plus attentifs : même ces choses-là, dans un racolage plus ou moins adroit, ils n'avaient sans doute pas envie de les entendre de votre bouche.

La sonnerie de la fin des cours mit un terme à une séance exténuante. Tandis que je me dégageais du pupitre étroit, les élèves vidèrent les lieux comme une seule vague précipitée dans un entonnoir. Marie-Jeanne, le professeur de français, vint me serrer les mains en manière de secours et de consolation, se disant confuse et combien désolée, mais sans rien perdre de sa belle humeur. C'était une intrépide, une intouchable, qu'aucune déception, aucune expérience exécrable ne pouvaient entamer. Décidée, de la façon la plus enjouée, à faire contre mauvaise fortune bon cœur, elle m'invita à prendre l'apéritif chez elle ; ensuite, quelques coups de fil à donner, et nous déjeunerions avec trois copines. Après l'épreuve, l'embellie : mon esprit resserré sur lui-même se rouvrait presque radieux à cette perspective, un peu méfiant tout de même d'un programme inattendu.

Marie-Jeanne occupait un vaste appartement au troisième étage d'un ancien hôtel particulier, doté d'une cour intérieure et d'un jardin où croissaient des iris à foison. Je remarquai au passage que les fleurs recevaient la visite d'une colonie de faux-bourdons, engagés amoureusement dans une démarche individuelle. Du bout de l'ongle, j'écartai les pétales pour montrer à mon hôtesse l'humide intimité et le mécanisme : l'étamine porteuse de pollen embusquée à l'intérieur barbouillait le poil du visiteur, lequel s'envolait ensuite vers une autre fleur pour la féconder, à son insu — Marie-Jeanne trouva cela « remarquable et émouvant ».

Pendant qu'elle téléphonait dans le corridor, je découvris son décor familier, une atmosphère large et lumineuse, un ameublement d'une esthétique design, moderne et fonctionnelle. Elle me cria de choisir une musique et je me dirigeai en automate vers la chaîne stéréo, surpris d'y trouver des CD d'Arvo Pärt, de Gorecki, *Les Voyages vers les lieux inaccessibles* de Gurdjeff, qui étaient aussi mes musiques du moment. N'étions-nous pas sur la même longueur d'ondes, engagés déjà dans le réseau des affinités électives ?

Cependant, étant donné l'heure que je n'espérais pas consacrée à la méditation ni à l'incantation intérieure, je crus bon de choisir quelque chose dans le registre de la variété de qualité. Bientôt, la voix graveleuse et rauque de Marianne Faithfull s'étendit en volutes sonores dans l'espace — du corridor, Marie-Jeanne, entre deux paroles à l'une de ses copines, me félicitait de mon choix.

Opérant un tour complet, et porté par le rythme lancinant de *Sister Morphine*, j'allai vers la bibliothèque où je remarquai, dans un côtoiement assez contradictoire, les traités de Maître Eckhart, des ouvrages de Boris Cyrulnik, d'Henri Troyat, de Bukowski, du commandant Cousteau ou de Carlos Castaneda — de quoi tenir intellectuellement un siège plus ou moins avantageux : tant de denrées offertes à l'esprit qui pourrait y trouver profit, ou du moins, y égarer ses appétits.

Comme je m'efforçais, le visage incliné à quarante-cinq degrés, de lire d'autres titres, Marie-Jeanne réapparut dans la pièce, déclarant sur un ton de petite provocation que ses livres préférés étaient dans sa chambre à coucher.

C'était une fille énergétique, pratiquant le jogging, le yoga, la gymnastique préconisée par Jane Fonda aux femmes ayant dépassé le cap de la quarantaine — ainsi qu'en témoignaient un vélo d'appartement, un tapis de méditation, et un collant d'exercices enroulé sur le plancher, comme si on avait dû le retirer dans une hâte négligente.

Elle nous servit un arbois blanc, pour nous mettre au diapason du menu qui serait exclusivement de poisson. *Est-ce que j'aimais le poisson ?* Pendant qu'elle cherchait je ne sais quoi dans un joli désordre de magazines et d'albums-photos, il me sembla percevoir en elle ces points extrêmes où l'athlétisme rejoignait une tendresse probable, un libre enjouement et une volonté de vie heureuse.

Contournant le fauteuil où j'étais, elle me mit sous le nez, sans transition, une photographie d'elle à poil sur une plage des Landes, à proximité d'un arbre rejeté par la mer, en disant :

— Voilà ma religion.

Me penchant, je remarquai qu'elle était, en matière de religion, d'une pilosité exceptionnelle. Face à ce présent insidieux, mon esprit commandait à mes sens de s'ébranler, mais je restai sans résonance, comme si le naturisme militant, dans sa vitalité même, s'était vidé par avance de toute substance érotique. Il nous fallut terminer l'arbois avec promptitude, après que Marie-Jeanne nous eut rappelé qu'il ne convenait pas de faire attendre ses trois copines.

Le restaurant *La Galinière,* rénové de façon rustique, eût été un lieu banal et sans âme s'il n'avait été doté d'une longue terrasse vitrée donnant sur la Garonne, où nous fûmes les seuls clients en ce lundi midi. Je fus présenté à Caroline, Marie-Ange et Julie. Sur le moment, elles m'apparurent fondues en une

Sainte Trinité. Mon regard allait de l'une à l'autre selon toutes les combinaisons possibles, s'égarant dans les chevelures, effleurant les yeux, épinglant des expressions particulières, et détaillant les vêtements, les couleurs rapprochées — jusqu'à les distinguer, les découvrir chacune fort différente.

Caroline était également professeur, d'origine sicilienne (je le précise pour le plaisir que j'ai eu autrefois à lire Théocrite de Syracuse). Elle était le type même de l'intrigante, avec une façon spéciale de piquer au vif, d'ironiser sur tout en déployant un art consommé du sous-entendu, de l'agacerie et de l'ambiguïté en demi-teinte. Elle avait un beau visage lisse, aux yeux noisette, aux pommettes effacées.

Marie-Ange offrait une rotondité maternelle, une poitrine ample, empesée, que l'on sentait peuplée de tous les élans d'une générosité généralisée et sans bornes ; un pin's des *Restos du cœur* ornait d'un éclat de fer-blanc la boutonnière d'un tailleur gris qui serrait trop strictement ses formes. À son côté, Julie se tenait figée et muette, fleur fragile et grêle, le visage pâle, délicat. On la devinait émotive, comme si elle distillait incessamment au plus intime des pensées subtiles, des sentiments secrets. Des chaussures au foulard qui couvrait ses épaules fines, elle était toute vêtue de bleu — une composition savante de cette teinte qui s'organisait sagement en dégradés et en camaïeux. Sous le cillement fréquent des paupières, les yeux étaient d'un bleu marin, avec par instants des éclats humides.

Toutes les quatre, ainsi que j'allais l'apprendre, étaient divorcées ou en instance de l'être, ce qui leur conférait une allure décontractée, une aisance dans les manières de table, ainsi qu'une disponibilité gaie dont il y avait peut-être à augurer.

L'on nous servit une soupe de poissons avec sa rouille, puis une daurade à l'armoricaine, qui étaient les spécialités du lieu. La conversation roulait sur un ton semi-mondain, semi-intellectuel, à propos des chances de l'écrivain, de ses épreuves émouvantes, de ses accouchements captivants, et de cette liberté de mœurs qui lui est nécessaire. Mes compagnes abordaient aussi de leur point de vue l'alchimie mystérieuse des mots qui se forment en gestation obscure, jusqu'à ce que se lèvent des phrases en fil de rasoir, qui coupent le souffle, électrisent la chair, laissent longtemps l'esprit en abîme.

Mon regard s'égarait vers la Garonne. Dans un grand ensoleillement, sur l'autre rive, comme dans une autre vie, les façades de briques roses resplendissaient d'un éclat neuf. Des tons plus clairs pianotaient sur la coulée vert sombre du fleuve. Je déplorais seulement, par un si beau temps, que la terrasse fût vitrée — à quoi Caroline me répliqua d'une voix pincée que je ne savais pas à quoi j'échappais. Tous les égouts dégorgent dans la Garonne et, en été, quand la chaleur amplifie les relents, les berges sont un véritable enfer de la fétidité.

Je commençais à m'ennuyer, ce dont je ne suis pas coutumier. Il me semblait pouvoir attendre de ce quatuor féminin des propos plus impudiques, des exploits palpitants, enfin, quelque chose qui eût le goût de l'audace, du sexe et du chavirement sentimental.

Tandis qu'elles causaient sans trop s'occuper de moi, je les dévisageais, découvrant à chacune des beautés nouvelles, une aimantation particulière. M'égarant en conjectures, j'essayais de savoir si je pourrais être pour chacune de ces femmes celui qu'elles voudraient peut-être que je sois, en multipliant par quatre les facettes d'une personnalité déjà tortueuse et caméléonesque.

Tout en délogeant de la pointe du couteau les joues de ma daurade, je demandai abruptement quelles aventures étaient les leurs.

La question eut un effet saisissant, un brusque arrêt suivi d'un remuement de part et d'autre de la table. Elles se concertaient du regard, émettaient des rires d'oiseau qui semblaient autant d'incontinences. Marie-Jeanne froissait sans nervosité sa serviette de table ; la main de Marie-Ange s'était réfugiée contre son corsage, où elle n'en finissait pas de déloger le même bouton de la même boutonnière.

Caroline, qui se curait les dents très gracieusement avec une arête, parla la première, relayée bientôt par Marie-Jeanne. Elles tenaient à m'avertir d'entrée qu'elles n'étaient pas des saintes, ni moralement cloîtrées ni charnellement coincées. Elles précisèrent un peu crûment qu'elles avaient toujours à leur âge, et plus que jamais, le bon goût de « saisir subrepticement le désir par la queue ». Julie en bleu ne manifestait sa présence que par quelques rapides papillonnements des paupières.

Bientôt nous naviguâmes au milieu d'une conversation baroque et complexe, pleine de récifs, de croisières, de naufrages, de chaloupements et de retours de vagues, où revenaient les termes récurrents d'amants, d'aventures, de tromperies et d'appréhensions stupides.

La plus loquace fut Marie-Ange. Sa corpulence charitable ne laissait pourtant pas supposer qu'elle fût dévorée de désirs bien intenses, ni qu'elle eût l'âme tapissée de convoitises et de fantasmes. Et moins encore qu'elle accumulât les victoires, connût des succès qu'elle voulait nécessairement nombreux et temporaires.

Elle raconta qu'après neuf ans de mariage elle avait eu la froide impression que son mari lui faisait l'amour comme à une femme étrangère, comme à n'importe quelle femme. En l'étreignant, ne pensait-il pas à d'autres partenaires possibles, ne se livrait-il pas à des projections privées ? Elle eut alors des amants et se montra infidèle de la façon la plus fantasque. Curieusement, ses aventures extraconjugales lui rendirent aux yeux du mari (qui ne savait rien) une sorte de virginité, d'aura mystérieuse, de rayonnement magnétique, comme si elle était redevenue une femme à conquérir. Dans un retour de flamme, il se montrait tous les soirs ou presque d'une belle ardeur dont elle se plaisait à profiter. Les choses, après quelques détours frivoles et coupables, étaient rentrées dans l'ordre — selon son expression : « La dague était au fourreau. » La boucle était bouclée, et ce fut alors qu'elle choisit de le quitter.

Entre-temps, Marie-Jeanne s'était déchaussée et mon regard s'emplissait de ses pieds nus. Comme elle remarquait mon intérêt, elle trouva amusant d'écarter les orteils, d'exécuter une pantomime burlesque, et de faire ensuite la preuve de sa dextérité. Ainsi, de ses doigts de pied, elle pouvait ramasser une serviette ou un stylo-feutre. Et je ne pus m'empêcher de rêver à part moi à l'usage que l'on pouvait espérer de cette agilité — un pétrissage savant des parties sensibles dans les préliminaires.

Julie en bleu n'avait toujours rien dit. Abruptement mais d'une voix posée sur le souffle, elle avoua, en me fixant hardiment dans les prunelles, qu'elle attendait toujours le Prince charmant. Pour elle, l'amour ne pouvait pas être une simple passade. Il ne pouvait s'agir que de quelque chose de grand, de ce qu'il y avait de plus grand. Elle avait été mariée pendant deux ans, mais ce mariage lui paraissait aujourd'hui irréel, un mauvais rêve dont elle avait soigneusement balayé tous les débris de son cœur. Depuis, elle n'avait pas eu d'amants. Elle eût voulu dormir parfois avec des hommes, sans rien faire, comme si chacun était un frère. En fait, elle souffrait surtout de ne plus être touchée (en confiant cela, elle eut le regard fuyant).

Estimant sans doute que la conversation versait dans le feuilleton à l'eau de rose et l'imbroglio bêtement sentimental, Caroline se chargea de réattiser nos propos. Elle déclara pour sa part, de façon cinglante, qu'elle se plaisait à allumer le désir, mais sans jamais se donner. Je m'étonnai de ce plaisir ainsi gâché, et cherchai à la pousser dans ses retranchements. Elle répliqua d'une voix tranchante et sonore qu'ayant eu des enfants elle avait des vergetures sur le ventre, et qu'elle ne pourrait supporter de lire une déception horrifiée dans le regard d'un amant. Je lui dis en manière de réconfort qu'un de mes amis y serait intéressé, qui nommait ces vergetures « les lierres de l'amour ».

Le vin blanc ayant toujours sur ma vessie un effet puissamment diurétique, je me levai pour aller me soulager. « Je vous accompagne », décréta Caroline. Je me demandai fugacement jusqu'à quel point irait cet accompagnement spontané. Mais, comme nous entrions ensemble dans les lieux, elle se dirigea raisonnablement vers les toilettes pour femmes.

J'étais tout entier à ma besogne, l'esprit embué et embrouillé par nos conversations, lorsque j'entendis Caroline me demander d'une voix faussement enfantine :

— Cela ne vous émeut pas d'entendre mon pipi ?

Effectivement, avec une acuité extraordinaire, je distinguai alors le filet doré en résonance claire dans la cuvette. Aussitôt emporté par des images fluides, et distrait de mes occupations, je sentis une coulée chaude le long de ma jambe. Avec une sorte de rancune, je mis un soin particulier à éponger la trace avec des couches de papier, sans y réussir tout à fait.

Lorsque je revins à la table, toutes les quatre, penchées les unes vers les autres comme des conspiratrices, étaient en conférence noiseuse. Comme j'approchais, elles se turent presque instantanément. J'eus furtivement l'impression, l'intuition, qu'elles venaient de décider de mon sort ou déjà de se partager mes vêtements. Marie-Jeanne, qui avait été l'organisatrice de la journée, m'annonça qu'elles devaient à présent et à regret me laisser. Julie en bleu me reconduirait à la gare.

Après la brève cérémonie des adieux, et un baiser de Caroline pressé au coin de mes lèvres, j'accompagnai donc Julie jusqu'au parking souterrain où elle avait garé sa petite R 5 bleu lagon. Les sièges étaient recouverts de housses d'un bleu indigo et le véhicule sentait le neuf. Aussitôt après qu'elle eut démarré, ma conductrice manifesta une nervosité fébrile, écrasant les pédales à tort et à travers, confondant fréquemment le débrayage et l'accélération — tout cela que je mis, à mon crédit, sur le compte de l'émotion. Par bonheur, dans les hoquets de la mécanique et les secousses imprévisibles qui nous projetaient vers l'avant, Julie ne conduisait pas à grande allure. Elle venait de garder un long silence lorsqu'elle s'enquit subitement de l'heure de mon train. Je répondis que j'avais un train toutes les deux heures et que rien, spécialement, ne me pressait. Elle proposa alors un détour pour me faire découvrir un endroit qu'elle aimait le long de la Garonne.

Dans un esprit d'ouverture, je répondis que je n'y voyais pas d'inconvénient, bien au contraire. Je fus d'ailleurs bellement récompensé de ma vague curiosité : c'était un ancien endroit de plaisirs nautiques, où se dressait un bâtiment blanc d'une architecture baroque et provocante. On devinait une attitude esthétique audacieuse, où s'assemblaient de façon hétéroclite des éléments démodés. Le lieu était encerclé de palmiers hirsutes, de broussailles assaillies par les lierres, de tourbillons de merles, tout cela qui lui conférait un caractère enchanté, auquel Julie en bleu avait été sensible. Nous trouvâmes à nous asseoir sur le banc d'une gloriette envahie par les glycines.

Déjà j'observais ma fragile compagne avec une caresse dans le regard. Et je cherchais à surprendre comment l'émotion, les sentiments se peignaient sur sa figure, sous quelle expression elle se dérobait, ce que signifiaient un air subit de lassitude, un plissement des lèvres, ce regard fuyant vers le fleuve, un pincement des narines ou une altération de la voix : tout cela qui jouait comme à l'intérieur d'un kaléidoscope et que Julie manifestait toujours joliment.

Sans doute était-elle d'une nature timide et rétive, qui avait besoin d'être apprivoisée lentement. Toutefois, il me paraissait inutile de me perdre en paroles et d'attendre davantage pour débuter délicatement l'invasion, d'autant que Julie se taisait gravement et que ce silence me conférait par contagion une pesanteur un peu oppressante.

Du bout des lèvres je lui frôlai les cheveux pour y produire aussitôt un grésillement. Incrédule, je répétai ce baiser pour rencontrer le même effet : j'en fus stupéfait. Ce contact furtif semait sur mes lèvres une espèce de picotement électrique, et je crus plus prudent de m'aventurer avec les doigts. Au gré des attouchements, sa chevelure semblait se gonfler, s'aérer, prendre du volume en crissant imperceptiblement. Julie laissait faire, figée et tranquille, comme si ce prodige n'avait pour elle rien que d'ordinaire.

Je lui effleurai alors les doigts, ce qui la fit frémir. J'y vis un signe d'encouragement, un message muet par lequel elle diffusait sa disponibilité ou un consentement tacite. Je pris sa main entre les miennes : elle était lisse et glacée, comme si Julie en bleu, adorablement émouvante, était réduite et dévêtue tout entière entre mes doigts. Elle eut des frissons, et plus, fut ébranlée par de petites secousses. Ces chocs sismiques minuscules et nombreux partaient de la poitrine et se propageaient jusqu'à la périphérie du corps. Les secousses se produisirent bientôt sur un rythme alarmant, si bien que je retirai mes mains ; le frissonnement s'estompa sans cesser tout à fait. Paisible en apparence, cette fille était au moindre contact un foyer d'électricité statique, une source de frémissements, un répertoire de la trémulation irrépressible. Il fallait progresser avec circonspection.

Tandis qu'elle montrait toujours une insouciance tranquille, ma main se faufilait subrepticement sous les dégradés de bleu, vers les seins qu'elle avait petits, en forme d'abricot. Julie se remit à trembler, en proie à des mouvements concentriques d'oscillation et de vibration, traversée d'un frémissement rapide et profond.

Il me fallut opérer un nouveau repli stratégique, me tapir dans la tranchée, une main à la lisière du corsage, l'autre retirée sous l'élastique de la jupe. Nous restâmes sans bouger durant un temps indéfini. L'eau miroitait. Le vent agitait les saules en tirant sur d'invisibles cordages. Les grandes feuilles des palmiers, pennées en éventail, chaviraient dans un bleu barbouillé de blanc. Puis il y eut un brusque arrêt de tout : le fleuve immobile, les feuillages peints comme sur du verre. Après un instant d'indécision, je repartis à la conquête.

Comme je me réintroduisais du bout des doigts sous le corsage, la respiration de Julie se précipita. Elle aspirait par petits happements, et même par lapements, en buvant l'air fluide avec une avidité nerveuse. Son souffle frouait dans la poitrine jusque dans la région ventrale, pour refluer bruyamment aux lèvres. Elle fut reprise d'oscillations et de vibrations, et je crus qu'elle allait, d'un instant à l'autre, s'effondrer en convulsions, dans une véritable crise d'épilepsie. J'en fus si effrayé et alarmé que je retirai les doigts définitivement. Ce tremblement jouait autour d'elle comme un écran protecteur, un fossé d'ondes brouillées ou une radiation de fébrilité, qui rendait Julie d'un accès impossible. Peut-être y aurait-il un jour un amant plus chanceux qui trouverait le mot de passe, la faille dans le filet ou la formule de conjuration.

Maintenant que sa respiration avait retrouvé son rythme régulier, Julie se tourna vers moi et me sourit avec l'expression ambiguë, presque allègre, d'une femme qui a éprouvé une secrète satisfaction. De sa main glacée elle me caressa la joue, fixant des yeux le glissement de ses doigts, puis se leva et faucha du pied quelques iris qui avaient poussé dans l'allée.

Du coup, j'eus la certitude que cette jouisseuse solitaire venait de me rayer de la carte des tentations possibles, après avoir récolté les seules sensations qu'elle s'autorisait.

Une vingtaine de minutes plus tard, elle me déposait devant la gare. Dans l'attente de mon train, je marchai dans la salle des pas perdus, avec des gestes incontrôlés, comme pour évacuer l'électricité fébrile dont Julie s'était déchargée sur moi.

L'un des dieux déguisés

Chaque matin, lorsque le car de ramassage scolaire arrive à Lancogne, parmi les enfants qui s'échappent en nuée de moineaux vers le préau, il y a Arnol qui descend le dernier. Éberlué, égaré, le visage émacié — de si peu de poids que le vent d'autan pourrait l'emporter.

Enfermé dans son monde, Arnol remonte le village. Tel un somnambule dans l'air vif et frisquet. Il se rend au café.

Et tandis qu'en classe les écoliers suivent la leçon au crissement de la craie sur le tableau noir, Arnol conte et rencontre, s'attarde, avale trois ou quatre bières pression, écoute le bruissement soyeux des heures, s'endort, rêve, se réveille, et griffonne sans hâte quelques mots sur un carton de brasserie.

Sous l'effet de la bière, le cerveau se décolle de la boîte crânienne. Le cerveau flotte et voyage — extraordinairement disponible à n'importe quelle invite, n'importe quelle conversation avec n'importe qui.

Il y a toujours quelqu'un — et je formule des vœux pour que vous soyez celui-là — pour lui offrir une autre bière ou partager son paquet de Bergerac. Ainsi que l'énonce J. C. Powys : en donnant de l'argent à des vagabonds et des clochards, on donne de l'argent à des dieux déguisés. Loin d'être un encouragement à la fainéantise, c'est un encouragement à la vie la plus noble qui soit. C'est un don comparable à l'aumône faite au pèlerin ou à l'offrande déposée devant la grotte d'un ermite. Nous devons considérer n'importe quel individu, faible, paresseux, dépensier, veule, indigne de confiance, propre à rien, comme une créature douée de miraculeuses qualités et digne d'un intérêt mystérieux et divin.

Arnol a le visage ravagé, le crâne dégarni en calotte de clown (couronne de cheveux frisés et grisâtres), et une barbiche en triangle de poils clairsemés. La peau est tavelée ; les mains noueuses, aux doigts déformés par un début d'arthrose. Il s'aventure au hasard, dans un pantalon rapiécé par ses soins, la poitrine osseuse flottant dans un chandail trop lâche, les bottines béantes, serrées par des bouts de corde.

Mais il y a les yeux. Les yeux d'Arnol. Des yeux un peu fous. Limpides et brillants, avec l'iris qui varie à la lumière. Des yeux lavés par le vent, sans ambiguïté et accueillants.

Arnol ne possède rien sinon sa propre présence. Sans attaches et sans biens. Sinon ce continent du corps, avec des vergers de rêves sous les vertèbres. On lui a « permis » un bout de terrain, un lieu étroit entre cinq ou six chênes rabougris qui décrivent naturellement entre eux un territoire, où Arnol a bâti une cabane avec planches, poutres, ferrailles et tôles de récupération. Il y a aussi, en guise de fenêtre, le pare-brise d'une Renault 5 encastré dans la paroi de planches — fissures comblées avec du carton et, ci et là, des traînées de laine de verre.

Il n'est pas celui qui n'a pas eu de chance, mais

celui qui choisit de ne rien faire, se laisse vivre et jouit du miracle de se sentir respirer. Il est capable des sensations les plus simples et les plus subtiles. Il est capable d'extase. Il s'émerveille à la vue d'une branche de pin chargée de pluie, d'un vol de pie, d'un nuage étiré en stries, ou du soleil se levant aux solstices entre deux rochers de la crête. Pour lui, il y a des matins qui chantent par le gosier des grives et des soirs qui meurent comme un souffle odorant sur les braises.

Arnol jouit à la place des gens. En quelque sorte, indirectement, et sans pouvoir se l'avouer, ils l'ont délégué, ils l'ont mandaté. Enserrés dans leurs habitudes et leurs horaires, ils l'ont chargé tacitement de profiter des manifestations de l'univers. Si quelquefois ils parlent de lui en termes méprisants, au fond, ce qui s'exprime, c'est le mépris pour ce qu'ils sont devenus : englués, pris à leur propre piège, dans un confort de complaisance.

Ne vous en déplaise, Arnol est aimé. Plusieurs femmes s'accordent pour le recevoir à tour de rôle. Il s'est créé entre elles une *sorte de sororalité.* Arnol a des enfants de trois étreintes différentes. *Lui, le père indigne...* Il ne se préoccupe pas davantage de « son » fils ou de « ses » filles que s'il s'agissait de n'importe quel enfant. Il les écoute, les cajole, dessine en leur compagnie avec des crayons de couleur, découpe pour eux un pantin dans du carton peint et ajuste soigneusement les bouts de ficelle qui permettront de l'actionner. Pour les enfants, Arnol n'est pas l'épouvantail ni le chien galeux — mais un grand frère tout de suite à leur portée et partageant leur monde.

Il est à la fois l'enchanteur et le charlatan, et, en fin de compte, il apparaît tel Œdipe dans une double passion incestueuse pour la Terre-Mère et le ciel étoilé : il pourrait se percer les yeux avec des épingles et il aurait alors tout le poids des choses en lui.

On est quelques-uns ici à se disputer le privilège d'avoir Arnol à sa table. La soirée passe à parler de tout et de rien, à s'enivrer, à écouter à la nuit tombée le chant de l'engoulevent ou le *fluit ! fluit !* sonore du petit-duc caché dans les chênes.

Si on s'adresse à lui, s'il s'adresse à nous, si au contraire on garde le silence, on se sent aussitôt dépouillé intérieurement. En perte de pesanteur. La compagnie d'Arnol nous libère des faux problèmes et nous rend essentiellement à nous-mêmes : à quelques étincelles au fond de la poitrine. Avec lui, par lui, on entre dans le royaume avec un sentiment de pure perte, d'évidence et d'espace.

Et puis, subitement, au milieu de la conversation, comme si une lubie venait de lui traverser la tête, Arnol se lève et s'en va, sans un mot, sans un regard. On reste seul avec soi-même et l'odeur de pluie qu'il a laissée dans la pièce, comme une forme d'absence.

Récemment, Arnol est arrivé chez nous, tenant son poing fermé. Le soleil couchant remuait des soies rougeâtres dans les grèzes de genévriers et, à l'intérieur de la maison, la lumière oblique découpait un long losange d'or sombre sur la patine du plancher.

Arnol paraissait mi-renfrogné, mi-exalté, cherchant visiblement à contenir le plus longtemps possible une joie pour lui seul. Sans quitter des yeux sa main fermée, il s'était mis à raconter une histoire, mais nous avons eu le sentiment, ce soir-là, qu'il parlait indirectement de lui : de sa vie d'avant.

C'était l'histoire d'un homme encore jeune qui se levait durant son sommeil et marchait en dormant dans l'appartement d'une grande ville. Au milieu de la nuit, sa femme le trouvait tournant dans le living ou posté près de la porte vitrée donnant sur la terrasse. Parfois même, d'un geste adroit, il écartait cette porte et se hasardait sur le balcon, le visage au vent, fixant l'une après l'autre, semblait-il, chacune des lumières de la cité.

Sa femme s'approchait de lui, glissait une main dans la sienne, le ramenait docilement vers la chambre à coucher. Au matin, elle lui rapportait où et dans quelle posture elle l'avait encore trouvé.

Il exigeait des détails très précis. Comme s'il s'agissait d'une chose qui lui appartenait en propre, d'une chose à lui rendre. Avait-il les yeux ouverts ? Tel un automate ? Les gestes très lents ? Comme sous l'effet d'une hypnose ? Tous ces événements le laissaient interdit. Durant son sommeil, un autre — un double, un sosie — prenait possession de ses membres et menait une existence indépendante.

Quel était le sens de ces déplacements ? En viendrait-il à marcher au plafond ? Sa femme le découvrirait un matin suspendu, la tête en bas, avec un sourire de statue asiatique dont on ne peut dire au juste s'il exprime félicité, amusement ou ironie.

Un soir, cet homme décida de veiller. Comme s'il s'agissait de découvrir ce que peut-être son double percevait, ce dont il profitait, en prenant possession de lui, durant la traversée du sommeil.

Un long moment, il resta penché au-dessus de sa femme. Elle souffrait ce soir de migraine et avait pris un somnifère. À présent, elle dormait, « le visage éclairé de l'intérieur, l'âme rendue presque visible ».

Il la contempla intensément, comme s'il devait résoudre une énigme dont seule une telle nuit de veille pouvait donner la clé.

Ensuite l'homme revint dans le living. Les tentures étaient tirées. Il resta assis devant l'écran de télévision : le film du cinéma de minuit, *Hantise* de George Cukor, avec la figure en détresse d'Ingrid Bergman. Il ne parvenait pas à se rendre vraiment présent, préoccupé qu'il était de se surveiller sans relâche, de surprendre le moindre signe de défaillance.

« Se tenir éveillé à tout prix. »

Plus tard, alors que les programmes s'étaient interrompus, il observa, presque hypnotisé, la neige en mouchetures blanches, en mouchetures noires, qui tombait très dense et sans discontinuer sur l'écran. Un moment, désemparé, et comme pour tromper l'attente, il essaya de se distraire, de s'occuper, en feuilletant des magazines ou en sirotant un verre de cognac. Sans cesse ses yeux revenaient vers la neige de l'écran. Sa solitude prit lentement un tour différent.

Il détailla — et pour la première fois avec une intensité innée et tranquille — les objets mobiliers autour de lui. Les tentures. La table de verre noir. Les trois fauteuils de cuir sombre. Le lampadaire avec ses boules blanchâtres. Il percevait les distances réelles. Il avait tout à coup notion de l'espace et éprouvait presque physiquement l'étendue exacte de l'appartement où il vivait depuis plus de neuf ans. Au sein du silence et de la semi-obscurité, ce qu'il entendait à ses tempes, c'étaient les pulsations métronomiques du sang. De son sang à lui. Il ne devait rien précipiter. Mais se mettre à l'unisson. À l'écoute. Il avait les lèvres entrouvertes. « Plus tard, précisa Arnol, il se dit que cette rumeur de sang n'était peut-être que le bruit de l'univers, la lointaine musique des sphères. »

Déjà l'homme avait passé son imperméable, était sorti. L'air de la nuit lui glaça la figure. Il se dirigea vers le parc au bout de la rue. Le ciel était noir, opaque, sans véritable profondeur, brouillard d'encre, avec la réverbération orangée des lumières de la cité. Il n'apercevait pas d'étoiles.

La grille du parc franchie, l'effluve de la terre récemment remuée dans les parterres pénétra sa poitrine. Les masses feuillues des arbres se dressaient, immobiles, sans rumeur, au-dessus des pelouses profondes.

L'homme longea l'étang. Il longea l'étoffe chatoyante des eaux. Il s'arrêta, craqua une allumette. La tête de soufre s'enflamma, lui éclaira fugacement le visage ; l'odeur âcre collait à ses joues comme un masque funèbre. Il alluma une cigarette, aspira la fumée à travers toutes ses fibres, jusqu'au sang.

Au-dessus de lui, une branche d'arbre s'étendait sans bouger, alourdie de mousse, et paraissait jouir de quelque songe secret. Il distinguait, derrière les grilles, les cônes jaunâtres des lumières de la rue. Rien extérieurement n'avait changé, et cependant...

L'homme serrait l'écorce d'un cèdre entre les doigts, et, dans un miracle instantané, il se percevait présent. Il prenait consistance, il prenait chair comme un être invisible qui eût révélé tout à coup ses contours. Présent dans l'espace de ce parc, présent dans l'instant et dans toutes les dimensions du temps, dans une limite indivisible, une durée élargie.

Il pressait plus fort l'écorce et, à mesure, s'emplissait de cette évidence, de ce miracle d'exister. De respirer. De percevoir les circuits aimantés du sang. D'être un grouillement de molécules parfaitement accordées les unes aux autres dans une cohérence, un réseau de communication, une loi d'harmonie. Informe, il prenait forme. Ensommeillé longtemps dans la vie, il s'éveillait, prenait possession de ses traits, dans un élan unique, une densité transparente. Tout était d'une simplicité extraordinaire, qui s'imposait à l'esprit et aux sens avec une telle force qu'il n'était besoin d'aucune autre preuve pour en reconnaître l'immédiate vérité. C'était flagrant, patent, palpable, offert dans le privilège d'une solitude résonante.

Il avait détaché les mains de l'arbre et décelait qu'il n'y avait jamais eu de liens, aucune attache, sinon des liens factices, des frontières artificielles, des obligations dérisoires dans la conscience trop étroite des choses de notre vie. Ces liens qui nous emprisonnent à fond de cale tant qu'on ne s'éprouve pas vivant dans la vie, et que nous échappe la multiple réalité du présent.

L'homme s'était dépouillé de ses vêtements près de l'étang et ce fut « nu, dévêtu, libre » qu'il monta sur les hauteurs de la ville, sans plus se retourner. Les lueurs de l'aube multipliaient les chemins devant lui.

Arnol s'était tu. Pinçant les lèvres avant de sourire comme pour lui-même. Il avait écarté les doigts de la main.

Au creux de la paume, il y avait quatre boules de terre cuite destinées à un collier qu'il n'acheva jamais. Quatre boules percées, cuites sous une cendre de châtaignier qui leur avait donné une couleur lisse et mordorée, d'un brun presque noir. Elles formaient une amulette. Je ne pouvais plus en détacher les yeux.

Arnol m'a dit seulement : « Tends ta main. » Ces quatre boules d'ébène sont là devant moi à l'heure où j'écris. Aux instants de détresse, je les saisis entre les doigts, les fais rouler dans le creux, les serre comme les éléments d'une ronde interrompue, douées pour moi d'un vrai pouvoir d'apprivoisement.

Sous le vol des vautours

Il n'est pas une pensée affligeante dont une marche plus ou moins longue ne puisse nous débarrasser. La désespérance se désagrège insensiblement dans le mouvement. Les pas nous dépouillent des pensées parasites. C'est une sorte de sérénité qui nous revient en avançant.

Une fois de plus, j'étais parti à pied vers les villages abandonnés de l'Aragon. Là, dans les sierras, sont les domaines du vent, les étendues vastes, des forêts de pins pleines de crissements, et des abîmes quand on grimpe le long des corniches rocheuses.

C'est un autre temps, un temps à l'égal de celui des dieux, et peut-être trois saisons ou trois siècles s'écouleront-ils dans le monde pendant que je passerai dans les montagnes une poignée de jours et de nuits.

Les villages désertés, traversés par les vents, exhalent une atmosphère étrange et sont comme l'envers du décor, les hameaux des morts tranquilles ou la retraite secrète des anges de la désolation. Portes et fenêtres ont été arrachées aux chambranles, et de grands courants d'air frouent dans les salles voûtées. Une impression de vide et d'invisibles mouvements assiège l'esprit. Les maisons s'écroulent dans les figuiers, sous les vols de choucas, mais à l'intérieur restent des chambres intactes, blanchies à la chaux, où loger, s'établir pour un temps.

La chambre que j'avais choisie donnait sur le lac et était dotée d'une cheminée d'angle. Pendant que j'y transportais mes affaires, j'eus l'impression d'être épié, bien que la chose parût assez improbable. Mais pas tout à fait improbable, car ces villages abandonnés sont parfois le refuge de marginaux, de solitaires paranoïaques, d'ermites à vocation temporaire ou de touristes d'une sous-espèce particulière, qui se livrent à une cure naturiste. C'est ici que l'on retrouve aussi ceux-là qui disparaissent soudainement, ayant franchi l'infrangible frontière, sans esprit de retour, pour d'abord se restaurer l'âme, laisser leur existence suivre d'elle-même une orientation inédite.

Déjà, le soleil basculait de l'autre côté des collines, et une lumière rougeâtre mourait sur le lac. J'avalai quelques goulées de ce vin âpre et profond de Sonmontaño, fis griller des côtelettes d'agneau et des poivrons rouges sur un feu de sarments secs, pour ensuite m'enfouir dans mon sac de couchage, rompu et repu d'une bonne fatigue. Comme si les mouvements de la marche avaient imprimé dans mes muscles des empreintes durcies dont je devais m'alléger pendant le sommeil.

À midi, les vautours débouchaient d'un vol large du versant caché des montagnes, d'une anfractuosité que j'avais repérée dans les parois grâce aux coulées de fientes couleur de craie ou d'écume séchée. Pendant des heures, ils allaient tournoyer au-dessus des plaines reculées, sans battre des ailes, sans aucun coup de rame, d'un vol plané par excellence.

La lunette d'approche permettait de détailler leur tête étroite, rentrée dans la collerette, leur envergure aux extrémités prolongées par les primaires écartés, comme si des doigts sombres et ondoyants leur étaient poussés au bout des ailes. Tout en planant, ils rencontraient dans les airs des couloirs, des entonnoirs profonds, des passées, et des aires vides autour desquelles les vents semblaient se tenir en suspens, comme à l'accore d'un champ d'invisibles récifs.

Durant tout l'après-midi, les vautours décrivaient des cercles sans cesse élargis, puis progressivement concentriques, évasés de nouveau quand ils prenaient la tangente pour recommencer ailleurs d'autres lents tournoiements. Leur vol de majesté, d'un centre sans cesse déplacé, suggérait une notion différente de l'espace et du temps. Et c'était comme si, les observant, il s'agissait de se faire une autre idée du cours de sa propre existence.

Redescendant des crêtes entre les rochers calés comme de grosses molaires sous la ramure des pins, je découvris une coulée de chevreuil, et je pensai qu'elle conduisait à un point d'eau, ce en quoi je ne me trompais pas. Je perçus bientôt un babil de cristal et trouvai la source éclose dans un creux où croissaient des fougères à foison.

J'étanchai ma soif à longues goulées, la bouche pressée sur la lèvre tremblante de l'eau, et ce fut d'abord comme inconsciemment que j'enregistrai des empreintes fraîches de pas au milieu des traces regroupées du gibier.

Je n'étais plus seul. Cette présence, jamais vue mais tout à coup révélée, prenait sur moi un empire étrange, comme une menace claire, une dimension aux contours dérobés, dont j'éprouvais l'évanescente densité. Et peut-être l'impression furtive d'avoir été épié à mon arrivée n'était-elle pas sans fondement.

Je rentrai au village, *il* était là, assis sur un escalier de pierre au soleil, fumant paisiblement en me regardant venir. Il avait la cinquantaine, le visage émacié, les yeux sombres et alertes, et les cheveux gris argent extrêmement fins, avec quelques épis rebelles et une frange lisse et soyeuse, recourbée sur le front.

Il se nommait Franz et ne semblait pas disposé à dévoiler davantage son identité. Non pas, me sembla-t-il, par méfiance circonspecte, mais parce que la chose n'importait pas. Il apparaissait tout à fait inutile ou absurde, au milieu de ces terres désolées, de dire d'où l'on vient, qui l'on est, pourquoi on est là, où l'on s'en ira ensuite. Les particularités, les problèmes ou les espoirs empiètent toujours comme une taie sur le présent. Pour Franz, converser vraiment avec quelqu'un commençait au-delà ou en dehors de l'état civil et des catastrophes personnelles.

Il m'entraîna dans une conversation en lacis, qui dérivait, s'offrait à tous les aiguillages, développait ceci puis se hasardait vers cela, charriant des alluvions et marquant des ruptures, pour passer allègrement à un autre sujet.

Pourtant, dans le foisonnement et les méandres, je retins deux choses, que je souhaitais reprendre à part moi comme des motifs de réflexion, quand il parla de l'Aragon — de « ces solitudes où l'on n'est plus tout à fait un étranger pour soi-même » — et du monde où l'on considère chaque cerveau comme une cinémathèque, où l'on diffuse sans cesse les mêmes bobines sur un rythme obsédant : « les images détruisaient l'imagination et rongeaient insensiblement et sans répit le peu de grâce qui subsiste encore dans nos existences ».

Selon lui, bien que les gens dans le mouvement aient l'illusion que tout allait de plus en plus vite, le temps s'était arrêté. Nous étions, et pour longtemps encore, à l'intérieur de la chrysalide. Les politiciens pouvaient être expédiés sur la Lune : ils n'entraveraient pas le processus d'une extraordinaire transformation. Au bout, il y avait une manière radicalement différente et fertile d'envisager la vie.

Comme le jour déclinait, il se leva au milieu de ses propos, ralluma sa cigarette et, traînant un lacis de fumée bleuâtre dans le soir, il retourna vers ses appartements privés — il s'était fixé à l'autre bout du village, dans une grande maison en ruine dont une aile restait intacte — après qu'il m'eut annoncé que demain à l'aube il allait à pied par les collines vers Barbastro : n'avais-je besoin de rien ?

Le lendemain, je m'en fus explorer les alentours du lac, les criques ceintes de roseaux. J'avais encore l'esprit remué par les propos du jour précédent, les sens captivés par la présence aimantée de Franz, mais, comme je m'éloignais sur un sentier ourlé de lavandin et de cistes, mes pensées se dissipèrent : c'était un autre présent.

Des argus bleus s'abattaient dans les lauriers-roses, comme à l'intérieur d'un flamboiement duquel ils ressortaient indemnes. J'observai des absinthes grises, des fenouils au feuillage subtilement tissé, et j'entrouvris la coque d'une amande pour goûter la substance laiteuse dans laquelle le fruit comme une offrande allait se former. Le regard devenait plus libre de ne rien projeter de soi sur les prodiges du monde.

En bordure du lac, des oliviers s'échevelaient sous le vent, décochaient des éclairs vif-argent dont les alouettes s'effrayaient. L'eau miroitait, pianotait dans des tons bleu profond et vert jade, couverts par des milliers de crêtes blanches que soulevait de toutes parts l'oscillation innombrable. Et cette agitation scintillante en surface provoquait en se prolongeant un clapotage clair dans les rangs des joncs et des laîches.

Me retournant vers les crêtes rocheuses, j'aperçus un seul vautour. Il planait en cercles resserrés à basse altitude, comme lorsqu'il a repéré une pâture et qu'il se prépare à s'abattre. Il émettait en tournoyant de longs sifflements sonores, qu'il ne produit le plus souvent qu'à la période des pariades et dans le temps des nichées. Je m'acheminai aussitôt vers l'endroit probable de la chute. Mais, comme je grimpais dans les rochers, le vautour plongea et disparut de l'autre côté.

Parvenu sur une hauteur, je parcourus à la lunette d'approche une longue étendue d'herbes ligneuses, jusqu'à remarquer une carcasse noirâtre de mouton. Le vautour se tenait à proximité, pendant qu'une femelle de l'espèce rentrait dans la carcasse, s'enfonçait sous les côtes, pour ramener des lambeaux de charogne bleuâtre. Pendant qu'elle déjeunait avec une délectation gloutonne, le mâle, s'approchant, voulut dans l'ardeur lui monter sur l'échine ; elle l'en dissuada à coups de bec. Estimant sans doute devoir assouvir sa faim avant de songer à la soumission et à d'autres voluptés accordées.

Je m'étais étendu à plat ventre, l'œil toujours collé à la longue-vue, si proche et comme projeté à l'insu même des vautours dans ce tableau effroyable et baroque, de vie et de mort mêlées, de plumes agitées et de chairs décomposées, où l'amour, rapprochant les figures jusqu'à les confondre, allait en définitive établir son règne pour un temps.

De Barbastro, Franz avait ramené un sac de moules. Il les aligna sur une dalle rocheuse, une à une, chacune close, fermée sur une double valve d'un bleu ardoise, en raclant parfois du couteau le faisceau de filaments qui leur permettait de se fixer sous les vagues.

Je le regardais faire comme s'il accomplissait quelque cérémonie incantatoire et mystérieuse. Ensemble nous étions allés ramasser des aiguilles sèches sous les grands pins parasols poussés au bord de la combe et dont les branches tournoyaient dans les abîmes d'un bleu absolu.

Il recouvrit les moules d'une couche d'aiguilles. Autour de ses gestes, il y avait une lumière à nulle autre pareille, d'une limpidité et d'une fluidité exceptionnelles, tandis que des reflets furtifs jouaient sur les feuilles des chênes.

Franz fit craquer son briquet, approcha la flamme aux quatre coins de la couche d'aiguilles. Le feu prit d'un coup, avec un bruit de graisse qui grésille, en dégageant une fumée âcre et bleuâtre qui resta un moment lovée sous le vent avant de s'égailler en tortillons.

D'un puits, Franz avait retiré à la chaîne trois bouteilles de vin blanc mises à fraîchir, que nous commençâmes de boire en apéritif. Le goût de pierre à fusil nous piquait les papilles.

C'était l'éclade. Les aiguilles avaient brûlé en formant une couche grisâtre et soyeuse, emmêlée de fils noirâtres. Les moules s'étaient ouvertes comme des gosiers de corneille, cuites dans leur jus. Nous nous délectâmes de leur chair jaunie, qui avait pris une odeur de fumée et de résine, pressant dessus des morceaux de citron et accompagnant les bouchées de pain frotté d'ail et d'huile d'olive. Nous mangions en silence pour ne rien perdre de la saveur. Le vent voyageait dans les ravines, une force transparente et allègre remuait le feuillage des yeuses.

Nous finîmes le vin avant de nous livrer à une sieste au soleil, les paupières traversées de petites langues de feu, le corps repu, abandonné à une sourde digestion, comme s'il nous fallait en même temps digérer toute la chair du monde.

Le soleil, longtemps d'aplomb, s'était déplacé sur sa courbe et allongeait à présent les ombres. Des oiseaux refluaient en vols flexueux de l'autre rive assombrie (les feuillages peints comme sur un verre obscur, avec de grandes fougères filetées d'or). Franz observait le pays sous cette lumière oblique qui semblait révéler des commencements et des prodiges d'érosion.

Il trouvait captivant d'imaginer comment ces rochers, ces arbres, ce lac, ces oiseaux étaient apparus. Et il s'émerveillait des premiers hommes qui avaient vu les terres s'entrouvrir, des falaises s'effondrer, des îles émerger, des astres nus s'échapper des nébuleuses, des passages de comètes, le déluge, les ravages du feu, et tous les aspects de la matière se pénétrer, s'entre-dévorer et se féconder les uns les autres.

D'une bouche d'ombre ou d'un caillou igné s'était déployée la figure magnifique, spectrale et complexe de l'univers, avec ses milliards et ses milliards d'êtres vivants, ses espèces et ses événements sans nombre.

Les phénomènes atmosphériques, eux-mêmes, pouvaient être considérés comme les expressions démesurées et fabuleuses d'un cercle de dieux au visage indéfini, en proie à toutes sortes d'humeurs, de tourments, et d'efforts à se manifester.

Un long moment, Franz plissa les yeux en regardant le soleil de face, comme pour saisir entre ses cils les filigranes de la lumière, des filaments et des alphabets de feu, à partir desquels pourrait s'élaborer une langue suffisamment vaste, subtile et profonde pour approcher, partager, apprivoiser même, les figures de l'infiniment grand — et cela au risque de se brûler les yeux.

Selon lui, l'imaginaire était et serait toujours plus proche que n'importe quelle science du grand secret de l'univers, comme si la vision, la fable, le délire n'étaient jamais que l'émanation aimantée et magique du réel, de ce qui s'est produit à l'origine et de ce qui continue d'advenir, commencement d'autres commencements.

Nous-mêmes, selon sa vision, avions longtemps séjourné dans les entrailles de la terre à l'état larvaire ou embryonnaire. Nous avions été des formes de fèves recourbées sur elles-mêmes. Des formes qui manquaient de consistance mais qui allaient en s'affermissant à travers toutes sortes de mues, devenant capables de perceptions, capables de mouvements — jusqu'à ce que les longs muscles moites de la terre, se contractant toujours plus profondément, tendus dans l'effort, nous pressent et nous expulsent vers les lumières du monde.

J'avais l'impression qu'il recréait en même temps sa propre présence accordée aux pulsations de l'univers, et qu'il trouvait dans sa vision un simple et complexe modèle d'existence, une loi d'harmonie qui lui correspondît en propre.

Il s'arrêta tout à coup de parler, au milieu d'une envolée. Il avait saisi la troisième bouteille de vin blanc et m'invitait à la vider, pour finir nos agapes. La première gorgée, il la fit tournoyer dans sa bouche, comme pour se laver la langue, éveiller en même temps une lente ébriété à la lisière des sens.

Une fin d'après-midi, une voiture arriva par le chemin des collines, en bringuebalant et soulevant une traînée de poussière rouge. Une 4 L bleu roi, mouchetée de rouille sur les flancs, et dont les craquements d'essieux se répercutaient dans la combe. Des reflets fuyaient sur le pare-brise quand elle passait sous les arbres. Elle s'arrêta au milieu du village, après avoir lancé quelques coups de klaxon qui semblaient autant d'appels que d'avertissements dérisoires.

Il en sortit une fille élancée et svelte, aux gestes déliés, aux yeux noirs et alertes. Elle retira du coffre un sac en coton tressé qu'elle porta à l'épaule, une ombrelle que l'on eût dit faite d'un jupon écumant de dentelle, et une cage de trois perruches inséparables.

Comme j'approchais, la fille me toisa des cheveux aux chaussures, manifesta aussitôt une belle humeur, et dit d'une voix faussement enfantine : « Je suis Annie. Franz n'est pas là ? » Ses dents fines disposées en rangs de perles avaient un éclat extraordinairement blanc, et sa peau brunie brillait comme si le soleil refluait à travers elle en la moirant d'un long reflet d'or sombre.

Franz surgit tout à coup derrière moi, passa en me frôlant, prit cette fille par le coude et l'entraîna avec impatience vers ses quartiers, tandis que les inséparables, secoués dans leur cage, décochaient des cris effarouchés. Tout s'était joué en un éclair. Franz n'avait pas dit un mot ni jeté un regard vers moi, comme le ferait un homme agacé d'être surpris dans une relation de sa vie, les circonstances d'une affinité qu'il voudrait toujours ignorée.

Tandis qu'ils s'éloignaient, mon regard, rêveur et frustré, s'attardait plutôt sur la silhouette de la fille, sur son derrière qu'elle avait menu, ce derrière qui dansait comme un melon ferme sous les motifs de sa longue robe en tissu indien.

Lorsqu'ils disparurent à un angle, je basculai en moi-même, barbouillé par un rêve ou un mirage qui m'avait traversé les sens. C'était tout à la fois un présent manqué, un pion damé, un manège d'illusion ou une offrande qui n'était pas pour moi — et il fallait me faire une raison, me réjouir même des plaisirs immédiats offerts à ce Franz dont les propos m'avaient captivé. Cependant, malgré moi, je demeurais désœuvré, inconsistant, indécis, et je dus me forcer à monter sur les crêtes, observer encore le vol des vautours.

J'emportai de grandes feuilles de papier, de l'encre de Chine, un pinceau à pointe fine, pour tenter de tracer les cercles décrits. Reproduire les oves excentrés, les anneaux qui se dénouent, les ronds resserrés puis élargis quand ces grands oiseaux, sans donner un coup d'aile, prennent la tangente au bord d'un tourbillon d'ivresse, emportés comme des branches sombres par un courant. Tout cela pourrait en même temps constituer la structure d'un récit sinueux, constamment enroulé et déroulé, qui reviendrait sur lui-même au hasard de ses développements.

Cependant, je ne parvenais pas à me rendre

vraiment présent. Depuis l'apparition de cette fille, j'avais la tête en eau trouble, l'esprit parasité, les sens embués. C'était comme un caprice de fluidité, qui s'interposait continûment entre moi et moi-même, entre moi et le monde ; ce corps, cette ombre charnelle qui avait sa géographie mince, gracieuse et sauvage, se substituait à tout. Elle réveillait en coulisse une part de moi-même, qui prévalait désormais sur toutes les autres, et qui m'empêchait de faire corps avec le paysage. Ce n'est que dans l'effacement de soi que l'on peut avoir l'entière perception d'une écorce d'arbre ou d'un vol d'oiseau.

Comme j'errais autour des maisons vides, l'âme brouillonne et le geste vague, encombré de moi-même, le vent parfois m'apportait des éclats de voix échappés de l'embrasure de la fenêtre, d'autres sons que je n'identifiais pas, en même temps que le ramage ininterrompu des trois inséparables.

Depuis deux jours et deux nuits, le couple restait enfermé, comme si, avant de réapparaître, les deux partenaires d'un amour sans doute temporaire, d'une liaison reprise à des instants privilégiés, devaient épuiser cela même qui les aimantait. C'était une faim nombreuse du corps et du cœur, un commerce du sexe et des sens, dans l'appétit renouvelé, la grâce d'une nouveauté dans la retrouvaille des liens familiers.

En dépit d'une sorte de rancune ou de dépit que je m'efforçais d'étouffer, j'avais la volonté de me réjouir de ce présent dont Franz profitait. Par moments, un démon intérieur décalquait dans une région indéfinie de mon crâne des postures d'accouplement, des effusions de carresses, des fêtes crues de lèvres et de doigts — mais cela, il fallait aussitôt le chasser de mon esprit, comme un péril plus ou moins pervers. Quelque chose s'était brisé, évanoui ou effiloché, qui ne pouvait plus être réparé ni rétabli. Je décochai un coup de pied à un caillou du chemin, une décision devait être prise sans plus tergiverser. Je partirais demain avant l'aube.

La dernière nuit, je choisis de la passer à la belle étoile. J'avais découvert, à proximité du village, un promontoire en surplomb du lac, un éperon rocheux d'un accès facile, et qui ménageait une dalle où croissait une herbe vermeille.

Cela a toujours été pour moi un enchantement mêlé d'effroi — tant il est vrai que ce qui nous captive en même temps nous accable — de m'étendre à même la terre, les yeux ouverts sur les constellations comme sur un grimoire d'alchimie aux signes étranges, aux alphabets d'or et aux figures remarquables dont le conteur s'accompagnait dans ses récits de l'origine ou ses épopées. Bientôt, j'avais l'impression de décoller, de léviter, de voyager et nager comme un grand poisson dans les espaces, tout en sombrant dans le sommeil. Je me réveillais souvent par brefs instants pour constater à chaque fois que la carte du ciel s'était modifiée. La Lyre, le Scorpion et le Cygne s'étaient déportés sur des courbes invisibles et, au gré des circonvolutions, d'autres figures étaient apparues, d'autres s'étaient évanouies aux points d'équinoxe.

Je m'étais allongé sur mon sac de couchage, la tête calée contre une pierre en creux, et je fixais Vénus coulant imperceptiblement sur la courbe bleu sombre du ciel. Étoile du Soir, étoile du Matin, c'est elle que je retrouverais au réveil, levée dans la direction opposée, comme si elle m'inscrivait dans son cycle pendant la traversée du sommeil.

Une pierre roula dans les rochers. J'eus les sens en alerte, le souffle en suspens. Redressant la tête, je distinguai une forme blanche à travers l'obscurité. Elle approchait en oscillant et la nuit semblait s'entrouvrir comme une eau lisse sur son passage. « Tu es là ? » lança une voix fluide. Et je vis arriver... Annie, les pieds nus, vêtue seulement d'une longue chemise, disant que Franz l'envoyait vers moi.

Son corps mince transparaissait en ombre chinoise. Elle s'assit, toute proche, essoufflée d'avoir grimpé, la poitrine palpitante.

Nous restâmes sans rien dire sous le dessein mystérieux des étoiles. Le temps pour elle de reprendre sa respiration, et pour moi, les sens agités, d'apprivoiser un peu l'étrangeté de la situation, l'intimité trouble et immédiate. Ce que je percevais dans une espèce de rapt, comme un rayonnement d'ondes s'harmonisant entre elles, c'était la simple et complexe présence d'une jeune fille, qui paraissait à l'instant réunir en elle toutes les jeunes filles, la chair fine et sensible, l'âme rendue presque visible à la clarté des astres.

Mais ce ne fut que lorsque Annie s'étendit à mon côté, dans un glissement d'abandon, le mouvement d'une sorte de soumission, que je compris ce que sa venue signifiait vraiment. Franz me l'offrait en présent !

Quand l'inattendu nous surprend, une partie de nous-mêmes y est pourtant confusément préparée, comme suscitée par elle dans une perspective d'accueil. C'était une manière de partage, un privilège sans ambiguïté de l'amitié ou de l'estime, ou encore une communion d'un ordre païen, qui devait nous rapprocher, Franz et moi, à travers l'univers mince de cette fille. Et sans doute ce geste généreux avait-il été décidé sous les augures favorables des trois inséparables.

Toutefois, ce fut un bonheur subtil de ne rien entreprendre. Mon désir s'était comme évanoui, volatil et libre, en conservant cependant une possibilité d'agressivité intacte. J'avais creusé le corps en coquille pour mieux accueillir ma compagne d'une nuit. Vénus, une dernière fois reflétée par les eaux, allait glisser d'un instant à l'autre sous la ceinture de l'horizon.

II

FÊTES, FUREURS ET PASSIONS

Le Kazan

Le Kazan était le maréchal-ferrant du village. Évidemment, on ne s'attend pas à trouver un forgeron autrement qu'énorme, robuste, tout en muscles, un tablier de cuir lié aux hanches, et les bras qui s'arrondissent avec la torsade des muscles qui se tendent. Il tisonne, il fourgonne, il actionne son soufflet, tirant sur une chaîne en maillons qui tintinnabule dans l'ombre. Aussitôt le feu se lève, en sursauts de lézard, avec des broutilles d'or.

Par la porte entrouverte, on aperçoit, parfois, la Catherine qui s'affaire avec son troupeau d'oies blanches, de l'autre côté de la route, où une maison se tapit en nid de bergeronnettes. Catherine, la Catherine, c'est le parfait amour du maréchal. Une femme jolie, enjouée, gracile, avec quelque chose de frais dans la figure.

Un soir d'automne, raconte volontiers le forgeron, j'étais à flâner. L'air sentait la poire mûrie. Je me sentais une grande liberté. Je respirais très doucettement à pleins poumons, en allongeant le souffle. J'écoutais mon cœur faire de petites caramboles. Je longeais une barrière chargée de glycines, lorsque je m'entends interpeller : « Vous cherchez du travail ? » Je me retourne : c'est une femme, jolie. Je dis : « Je ne cherche pas spécialement. » Elle dit : « Je paie rubis sur ongle. » Je demande, à tout hasard : « C'est quel genre de travail ? » Elle dit : « Il y a des cordes de bois à couper et le jardin à retourner avant l'hiver. » Elle me montre les cordes de bois, puis le jardin. Il y en a pour huit jours, au plus. Mais tout le temps qu'elle parle, je soupèse ses seins, je suis ses cuisses qui s'impriment furtivement dans sa jupe. Je demande : « Je dors où ? » Elle me dit : « Dans le fenil. » Elle me mijote un souper de roi ; puis, elle me conduit dans le fenil. Là, elle me fait un lit en serrant du foin sous une couverture. On regarde la nuit par l'ouverture du fenil. C'est comme un drap enflé à l'étendoir.

Tout à coup, le drap tombe et le ciel est tout étoilé. « Oh ! » dit-elle. Et moi, je lui montre les étoiles en disant leurs noms : La Grande Ourse, la Petite Ourse. Là, comme un lièvre qui fuit, c'est Cassiopée. La constellation du Lion, celle du Bouvier. La toute petite, c'est Alpha du Centaure. Là, dans son armure d'or, c'est Orion, et là, l'étoile du Berger. Je dis : « Tous ces fils d'or qui coulent des fissures du ciel nous lient aux astres et décident de nos destinées et de nos désirs. » Elle regarde, émerveillée, et je vois sa poitrine se soulever.

Le lendemain, je suis à l'ouvrage et je ne lambine pas. Le matin dans le jardin, l'après-midi les cordes de bois. C'est un travail avec la bêche, puis avec la scie, la musique régulière des creux et des crêtes dans le tendre du bois. C'est une odeur de terre remuée, alliée à une odeur de sciure, comme une odeur de banane trop mûre. Je termine au bout de six jours, plus tôt que prévu.

Le dernier soir, on ne se décide pas à se séparer. Elle me parle de sa vie, moi de la mienne : saisonnier, un temps ici, un temps là, on est dehors sous tous les ciels, on regarde l'année qui fuit et les saisons qui tournent...

Elle s'est collée contre moi et je la sens frémir, palpiter. Elle se détache si doucement que je me demande si je n'ai pas rêvé. Elle dit : « Vous pourriez m'aider à retapisser puis à repeindre... » Le lendemain, on décroche le miroir et la chambre tourne dedans. On pousse le lit, on remue les meubles. On s'essouffle, on rit, on se met en sueur. Je vois très bien comment les choses vont finir et je suis sûr qu'elle le voit très bien aussi. Et un matin, on se réveille tout chauds l'un contre l'autre, avec un flot de lumière qui tombe de la fenêtre comme un flot d'herbes.

Je descends le premier. Je prépare le café, et puis je vais faire un tour. J'ai besoin de me retrouver seul après tous ces jours. Je me dis : « Ne fais pas l'idiot et le cœur ne te fera pas faux bond. » Je vais voir, de l'autre côté de la route, cette forge abandonnée depuis des années dans les feuilles de bardane. Je pousse la porte : c'est tout délabré à l'intérieur. Je reste là, immobile, avec le vent froid des outils qui me monte dans les jambes. Et puis, tout d'un coup, comme si les gestes coulaient de source, je rafistole le soufflet, je fais mon premier feu, et c'est le premier feu de tous les temps. Je frappe sur l'enclume les coups très frais, les coups d'eau et d'ombre. Elle, Catherine, elle m'appelle pour le dîner, et voilà.

Ivresses et batailles

Une autre histoire avec un personnage du type taureau, tendre, terrible, avec ce bourrelet de muscles dans la nuque qui plaît tellement à certaines femmes.

Voici comment Rotier est mort en avalant de la boue. Lui, Rotier, l'homme des échauffourées et des rixes, le belliqueux, l'irascible, il s'est battu : à mains nues, avec des canifs, des couteaux, des houes, des haches, des chaînes de vélo, et même des tessons de bouteille.

Il avait aussi une sacrée manie : il glissait subrepticement sa grosse main pataude sous les jupes des femmes, et les femmes se figeaient d'épouvante, de surprise, de stupeur.

« En tout cas, à moi, il ne le ferait pas deux fois, clamait à qui voulait l'entendre la belle Rosa. Lorsque mes seins se mirent à pousser comme deux fleurs blanches d'arum, ma mère me dit : les hommes sont des cochons. Des cochons, ma mère ? Des cochons, qu'elle appuya. À dater de cet instant, j'avais tout compris, et je me tenais sur mes gardes. »

Tout ceci vint aux oreilles du beau Rotier, qui plissa deux fois sa moustache entre deux doigts et se dit : Elle ne perd rien pour attendre. Du temps passa. Revint le temps des cerises. Et Rotier n'avait plus qu'une idée en tête, même s'il continuait comme par routine son manège de la main glissée dans un corsage, sous la jupe, où la fille devenait tout humide, comme à l'intérieur d'une fleur.

Le hasard fit bien les choses qui les fit se rencontrer en chemin. Le Rotier la devance : Bas les pattes, mon cochon ! Elle paraît surprise, elle sourit. Voyez, qu'il dit, je connais le manège ; vous n'avez pas peur du grand méchant loup ? Pas peur du tout, fait la belle Rosa. Alors, si vous ne craignez rien, acceptez de venir vous promener avec moi, dans les bois... Elle est jolie comme un cœur, avec son corsage plein de deux beaux fruits hâlés par le soleil. Elle accepte : par défi.

Le Rotier l'emmène au bois. Sous l'opacité verte des feuilles, dans la bruyère, les fougères, les myrtilles. Le ciel, au travers des branchages, est tout strié, morcelé, comme un vitrail dans ses gaines de plomb. Le Rotier se fait tendre ; il parle avec des mots de mousse, et tout en parlant, il appuie si doucettement sa main, et tout en continuant de parler, il caresse, il cajole.

D'un coup, ses doigts saisissent la crinière. La fille manque de défaillir ; elle se dresse comme une pintade effarouchée : C'était un avant-goût, dit-elle. Pour le reste il faudra m'épouser.

Son cœur à lui bat follement comme s'il était bourré de coups de poing. Il fait sa demande. Elle lui fait répéter en bonne et due forme. Il répète. On publie les bans, on les marie. Le renard est pris qui croyait prendre. Mais, pour quelqu'un comme Rotier, une femme conquise perd vite ses charmes.

Lui, Rotier, l'homme des échauffourées et des rixes, il devient rêveur, absent, distrait, presque mystique. Il rôde autour des étangs. Il s'assied dans la touffeur des joncs, il regarde : les feuillages penchés, la fluidité silencieuse de l'eau, les poissons qui sautent en faisant de grands cercles qui s'agrandissent. Il se penche au-dessus de la vitre tranquille de l'eau et il sent comme une bousculade qui lui monte à travers tout le corps. Il serre les poings et là, comme un idiot, il se met à frapper dans la vitre de l'eau, à faire sourdre le brouillard épais de la boue. Il en prend sur les pognes, il sent contre sa langue cette chose douce, longue, gélatineuse ; il en reprend sur les pognes, il en avale encore, jusqu'à ce qu'il ait en lui tout ce sommeil bourbeux des étangs lorsque les reflets sont brisés.

La Jéhovah convertie

Il y a des naïves, des converties, des saintes-nitouches à qui l'on donnerait le bon dieu sans confession. Celle-ci est Jéhovah, témoin de Jéhovah. C'est dimanche matin, elle tourne notre beau village.

Moi, Langlire, fils d'Anatole et de Marie, je la lorgne depuis le début, je ne perds pas le moindre de ses mouvements. Ça doit pas être dégueulasse de se faire une petite Jéhovah.

Faut te dire, je sors d'une intrigue avec l'institutrice. Il y a trois, quatre mois qu'elle est arrivée au village. Trois, quatre mois qu'elle officie. Avec elle, ça a été tout de suite, tout de go : elle a, comme dans *Carabas*, le clitoris badenpowellien, très collaborateur, très vite ému par les ambiances.

Juste avant, c'est mon pote Raymond qui me ramène une nénette qu'il avait chargée sur l'autoroute, à l'échangeur. Alors là, le genre hippie, clochettes aux pieds, bagues aux doigts, et avec cela une odeur de patchouli, d'encens, d'échoppe orientale. Mon pote Raymond m'avait prévenu : elle n'est pas de première fraîcheur, la caverne a été pour ainsi dire bien défoncée. T'as pas le droit de la laisser sécher.

Bon. Revenons à la brebis du Seigneur. Mais est-ce que tu vas te décider... Ça y est, elle vient vers ma porte. Je ne lui laisse pas le temps de frapper. J'ouvre, subito presto. La voilà décontenancée, la pauvre enfant.

— Bonjour, je viens vous parler de l'Éternel...

— Entrez donc, madame, fais-je en m'effaçant.

Aussitôt à l'intérieur, la petite dame poursuit d'une voix aiguë, sans répit : « Car l'Éternel est bon et éternel est son amour... »

— Attendez un peu, madame... Qu'est-ce que je lui sers à la demoiselle ?

D'abord, pas de hâte, la respirer. Mais si c'est pas malheureux, elle sent la fleur fanée, l'eau bénite, le pipi d'ange.

— Allez, madame, on va boire un père-blanc.

C'est un père-blanc de derrière les fagots, une poire à 60°. Elle m'en dira des nouvelles.

— Oh ! c'est fort, c'est très fort !...

— Parbleu, madame, cela descend dans le gosier comme une langue de feu à la Pentecôte.

Et maintenant, rideau. C'est un instant d'intimité. Allez voir dans les bois si je n'y suis pas.

Deux heures plus tard, je cavale jusqu'au magasin, pour demander qu'on veuille bien téléphoner à la famille :

— Dites-leur qu'elle est beurrée jusqu'à l'œil, et qu'on vienne la chercher toutes affaires cessantes.

Une semaine s'écoule, deux semaines s'écoulent, trois semaines s'écoulent. Au bout d'une lune, la Jéhovah revient, avec un air joyeux et entendu. « Bonjour, pas de dérangement ? Je peux entrer... » Et on sympathise de nouveau au père-blanc. Je la regarde là, toute fraîche, toute mignonne dans sa robe à pois, et je sais déjà qu'on ne va plus se quitter. Aux grandes occasions, on commémorera au père-blanc l'histoire de la Jéhovah convertie.

L'arbre de Carnajac

Carnajac, racontait mon grand-père, était, avant la guerre, le colporteur de la vallée. C'était un homme plein de misères. Il transportait trois valises bien sanglées, l'une à chaque main et la troisième en bretelle à l'épaule. De porte en porte il vendait des articles de mercerie, des lames de rasoir, des baleines de corset, des lacets, des miroirs, et des flacons d'eau de Cologne.

Sur son périple toujours recommencé, il y avait la maison d'une jeune veuve. Une femme belle mais d'une mise sévère, toujours vêtue de noir, et qui fuyait le regard des autres. Carnajac s'arrêtait chez elle pour la nuit.

La dame avait de l'humeur, et il était toujours assuré de ne pas trouver la partie sèche. Il est agréable de besogner amoureusement dans l'aisance, dans la commodité d'une mécanique bien huilée. Cela ouvre le champ à toutes sortes de petites innovations, à des titillements inattendus, des caprices de l'instant.

Il arriva que la jeune veuve fut enceinte et Carnajac ébloui. C'était comme un miracle auquel il n'avait jamais songé en se livrant sans esprit de conséquence aux agréments de la chair.

« Si c'est un garçon, dit-il, nous l'appellerons

François, parce que François, c'est le prénom de mon grand-père. » « Si c'est une fille, dit-elle, nous l'appellerons Éliane, parce que dans Éliane, il y a lien, il y a liane, quelque chose de leste et de transparent. »

Elle accoucha aux premiers jours de septembre d'une petite fille mort-née. Carnajac en eut une morsure acide dans le cœur. Le monde se dérobait sous ses pieds, se délabrait alentour de ses bras. Rien, plus jamais, n'aurait la moindre valeur. Les trois valises, rangées dans le corridor d'entrée, semblaient désormais le triple fardeau de l'inutile.

Le mari de la veuve avait été menuisier-charpentier. Carnajac s'en fut dans l'ancien atelier. Il trouva encore de belles planches, du bois presque précieux, et il commença de fabriquer un petit cercueil. Ensuite, prenant gouges et bédanes, il le décora, dessinant des frises, des arabesques, des entrelacs, si bien que le petit cercueil finit par rassembler à une boîte à couture. C'était en même temps comme s'il creusait les motifs d'une destinée aussi éphémère et mystérieuse que le passage d'un ange.

La boîte sous le bras, il se mit en chemin. Le cimetière était à l'autre extrémité de la vallée. Carnajac avançait chagrin. Il savait que sa petite fille, pour ne pas avoir reçu le baptême, serait enterrée à l'écart, avec les voyous et les femmes de mauvaise vie. Elle allait demeurer indéfiniment dans des limbes qu'il se représentait comme un dédale de couloirs blancs, d'un blanc à vous donner la nausée, pour l'éternité. On n'y entendait rien, pas même la rumeur d'une abeille.

Carnajac traînait en chemin, s'attardait dans les fermes, s'attardait dans les cafés. Il posait son petit cercueil-boîte à couture sur le comptoir, et il payait la tournée. Il restait sans rien dire, alors qu'une bruine lui picotait les yeux. L'alcool le faisait chalouper lourdement et mettait de grands vides dans ses pas.

Comme il arrivait en vue de Salem, il remarqua, au bord de la route, un pommier tout chétif. Ses quelques pommes avaient roulé dans le fossé, aigres et racornies. Ce fut comme une étincelle dans son esprit ; une illumination lui traversa tout le corps. Il retira le petit corps de la boîte à couture, l'enterra avec des gestes délicats entre les racines, et l'arbre devint ce pommier que l'on peut voir aujourd'hui à l'entrée de Salem : grand, étoffé, d'une belle écorce, avec des fruits magnifiques qui pendent comme des lampes rondes et rouges entre les feuilles. Aucun habitant de la vallée ne mange des fruits de cet arbre-là. On les laisse, d'année en année, tomber et retourner à la terre.

Quant au petit cercueil, la légende dit que Carnajac l'accrocha plus loin aux branches basses d'un chêne. Pendant plusieurs printemps, cette boîte à couture servit de nichoir aux oiseaux.

La passion foraine

Un homme avait hérité d'un carrousel, à une époque où l'attraction foraine commençait à s'enrichir des trouvailles de la modernité, du billard électrique à la chasse à l'ours électronique, en passant par le jackpot, le train fantôme, les circuits aériens à grande vitesse et à grand vertige, les manèges de l'extrême.

Ravi par son héritage, il avait aussitôt rompu avec ses obligations sédentaires — un métier de routine et un ménage depuis longtemps sans surprise — pour entrer d'un cœur nomade dans sa vie nouvelle. Il avait rafistolé son carrousel, remplacé le bloc moteur et les organes de transmission, vérifié le jeu des courroies roulant et ballottant sur les moignons de bois. Enfin, il l'avait repeint à grands éclats de laque rouge, blanche, bleue, en veillant à ne pas déborder sur les miroirs.

Toit en chapeau pointu, avec une toile en brise-vent, et dans le haut, à l'intérieur, la floche-queue de poulain qui donne un tour pour rien. Il montait, démontait, remontait son manège sur les places des bourgades, lancé dans un périple qui s'échelonnait selon le calendrier des fêtes votives. Le carrousel tournait, clinquant de couleurs et de miroirs mirobolants, avec un accompagnement assourdissant de disques anciens. Les quatre tours, vingt francs !

Pour ce qui était des appétits conjugués de la chair et du cœur, il achetait l'amour le soir autour des gares des villes de passage. Il trouvait excitant de filer un billet à une fille et de l'avoir nue dans les quelques minutes qui suivaient, offerte sur un couvre-lit rougeâtre, dans une chambre aux miroirs qui multipliaient les gestes et les perspectives cavalières.

L'amour se prenait sans préambule, dans une lutinerie prématurée. C'étaient des essais de plaisir, des simulacres de bonheur, des tâtonnements de volupté. Il s'y aventurait avec des accents graves dans l'âme, découvrant toujours plus de réalité que de magie dans la fleur laineuse et les fruits de la femme. Il regardait sa partenaire d'un soir comme une proie qui lui était due, attendant d'elle une caresse intelligente, la friction experte qui le porterait au meilleur de son rendement. À l'instant où elle lui présentait ses parties roses, il cherchait quelque invention, puis, comme l'inspiration ne venait pas, il la prenait de manière conventionnelle, l'étreignant avec la rage subite d'un désœuvré, tandis que d'une main preste elle l'avait guidé et mis en place.

L'amour monnayé, anonyme et prompt, n'engendre jamais l'infidélité et revient sur lui-même sans la moindre ambiguïté. C'est un contrat à court terme, sans sujétion ni services obligés après vente. On ne trompe personne, ni l'autre ni soi-même. Mais l'amour n'était-il que cela ? Ou quelque chose de plus et de jamais nommé ? Il s'interrogeait sans insistance, éprouvant comme un manque léger et agaçant, le sentiment de passer à côté de quelque chose d'important, de prodigieux peut-être. À des instants perdus, il sentait une flamme étrange lui ronger sournoisement le cœur.

Un soir d'octobre, il aperçoit une poupée qui observe le manège avec des yeux brillants, fascinée. Il sent qu'il se trouble ; il perd pied en lui-même. Pour se donner une contenance, il roule une cigarette. Il ne quitte pas la petite femme du regard. Il se fait rappeler à l'ordre par les enfants dans le carrousel arrêté. Alors il relance le manège, un tour pour rien, deux tours pour rien, trois tours pour rien. C'est sa tournée, son grand soir à marquer d'une croix blanche. Les enfants sont ivres et rient. Il remet un disque : *O sole mio*... Il s'approche de la petite femme fragile. Il lui parle. On ne les comprend pas à cause du moteur et de l'électrophone. Elle sourit. Elle est comme une poupée, avec une petite âme de dentelle, de minces os de verre, un reflet bleu à l'endroit des veines. Quand sonnent neuf heures et qu'il n'y a plus d'enfants, il bloque le moteur, rabat la bâche, et emmène la poupée au café de la place. Ils se nichent dans un coin, l'un en face de l'autre, et lui, il la tient dans les yeux, il la soulève, la soupèse et la berce. Au matin, il remballe le carrousel et épouse la poupée.

Le voilà, pour la première fois, poétiquement amoureux, n'ayant plus de regards et de gestes que pour sa petite reine, sa fée du soir, son fétiche enchanté. Uni à elle, il se découvre une vocation à l'élégance et à la subtilité, une aptitude au raffinement. Il se forme dans son esprit un essaim d'idées fines, qu'il s'étonne de trouver en lui. En état de grâce, il lui vient des petites saillies de dévotion, de doux élans d'adoration.

Elle paraît fragile. Elle est prise de la poitrine et doit se ménager, en faire le moins possible. Et lui, il est prêt à la lui donner, cette vie tout en délicatesse et en prévenance. Il s'occupe d'elle jour et nuit, l'entoure de gestes arrondis et gracieux. Il la déshabille, la lave avec une éponge douce, la frictionne avec de l'eau de Cologne, farde ses yeux bleus de porcelaine. Le soir, il lui fait faire pipi, la met au lit, la borde et lui raconte une histoire. Enfin, il joue à la poupée.

Braconnage

À trente-deux ans, ce qui ne le rangeait pas dans la catégorie des cavaleurs précoces, Macherot III commença d'orienter son art du braconnage sur la gent féminine, avec une prédilection pour les épouses respectables, les mères dévouées, les forteresses de la fidélité conjugale.

Les Macherot se communiquaient de père en fils les secrets de la braconne. Ils pêchaient à des périodes, en des lieux et avec des engins prohibés, attendant que la nuit fût complète pour tirer le filet de drague, alerter l'anguille avec des lampes. Ils traquaient sur les terres d'autrui, dans ce domaine labyrinthique de la forêt qui leur appartenait par la ruse et la rapine, et dont ils reconnaissaient les frontières naturelles, mais jamais les titres de propriété : toute clôture était à cisailler quand il s'agissait de remonter la piste de quelques daguets ou de cerner ces failles par lesquelles s'échappent les faisans.

Ces vocations, qui ne sont pas sans péril, se développent sur le qui-vive constant et le quant-à-soi escarpé, les sens en alerte, l'esprit retors quand il faut égarer les gardes. On ne s'improvise pas dans la braconne sans être instruit des ressources et des risques de son art, ni posséder la connaissance précise de l'empire des signes et des laissées. Il faut déchiffrer les empreintes, enregistrer les cris, les bruits et les raires, prendre la direction du vent d'un doigt mouillé, remonter les foulées, démêler les pistes quand elles se croisent, interpréter les pliures d'herbe, les bourgeons rognés, les écorces écorchées, qui trahissent des passages, des présences cachées, des proies probables. Particulièrement quand la neige, alliée et complice dans son avènement, retient toutes les traces, révèle les déplacements, les écarts et les fuites, les retours à la tanière, au gîte ou au terrier : c'est alors la braconne à l'état pur et à coup sûr, dans la blancheur qui brûle les yeux.

À cette science de l'empreinte s'ajoutent les techniques du piège. Ce n'est pas au hasard que l'on pose ses collets ou que l'on tend les fils d'archal dans la sente d'un point d'eau. Il faut décider l'endroit propice, calculer la hauteur du lacet et sa résistance quand le gibier se débat, organiser ailleurs d'autres embuscades en recourant à l'amorce et à l'appât avec des épis de maïs ou des semées de grain. La compétence vient à force d'expérience et après un apprentissage serré où le braconnier en herbe, sous le regard du père, s'exerce à prendre des moineaux au trébuchet, à renifler des effluves au vent, à fabriquer des nœuds coulants avec le crin des chevaux et à les accrocher autour des sorbes de septembre pour attraper les grives. Les premières proies constituent un capital de fierté, mais aussi de stupéfaction et de sourde gratitude, comme si une magie était confirmée ou qu'un poids de réalité comblait tout à coup le monde aléatoire et mystérieux concentré autour d'un simple fil tourné en nœud coulant.

Macherot III commençait d'éprouver un désir nécessaire. L'idée s'imposait toujours plus à son esprit d'avoir à son tour un fils auquel transmettre cette passion sauvage, qui est comme un métier de palpitation et d'exploit en dehors des lois, un art de malignité, de défi et d'immobilité patiente à l'affût. Dans ce dessein, il porta l'éventail de ses ressorts et de ses ruses sur le gibier féminin ; il se mit à traquer le fruit défendu, à piller les corsages et trousser les jupons, en s'attachant d'abord et finalement aux mollets, qui avaient toujours exercé sur ses sens un charme obsédant.

Macherot III repérait ses proies féminines, élisait ses victimes possibles, épiait leurs déplacements à l'œil nu ou à la longue-vue, et remontait le sillage des parfums. Il se plaisait à surprendre la femme quand, croyant ne pas être vue, elle affichait un air évasif et rêveur. Comme si, par cette soudaine distraction, ce ravissement tout intime, elle révélait des manques, des désirs indéfinis et peut-être inavouables. Macherot III augurait fort de ces instants d'oisiveté et d'abandon, dans lesquels il déchiffrait tout à la fois une disposition propice, un appel presque désespéré, une imagination qui frayait la voie à l'aventure incertaine.

Parfois, sortant du village, ces femmes s'écartaient du chemin coutumier et se trouvaient dérobées à la vue, à la faveur d'une haie, d'un bosquet ou d'un chemin creux. C'était là que Macherot III surgissait, messager de l'imprévu, desperado des plaisirs défendus. Il écartait les feuillages et se posait en travers de la route, exhalant une odeur farouche de fougère et de musc.

Le piège, c'était lui. Il avait un leurre aux lèvres, un miroir aux alouettes dans les yeux, le ton cajoleur, le regard aimanté et la main en manège. À chaque occasion, il aimait sans avilissement, dans la promptitude d'un désir franc, opérant de façon sauvage, avec quelques épanchements de tendresse, des incontinences d'affection. Il n'avait pas besoin d'endroits de contact très nombreux et ne cherchait jamais à embobeliner ses proies par des hautes déclarations ou des déballages de grands sentiments, en face de quoi il soupçonnait que les femmes se rétractent, s'emplissent de complications inutiles, d'obstacles, ou d'une folie des grandeurs. Son regard ardent disait tout, clairement et crûment, et l'aventure était plus libre d'avoir des appétits avoués et des limites précises. Au gré des conquêtes, Macherot III en vint seulement à un peu plus de subtilité dans l'attouchement et les préliminaires, cédant enfin à l'adoration du mollet, ce qui le haussait dans une aristocratie du raffinement, avec un petit sacre de perversité.

Les proies sur lesquelles il jetait son dévolu s'offraient le plus souvent consentantes, et parfois même se lançaient tout à fait passionnées dans la manœuvre amoureuse. Quelquefois, néanmoins, elles affichaient une résistance indignée, poussaient des cris de rébellion ou d'épouvante, manifestaient un mélange de perplexité et d'apeurement, et il lui fallait recourir à la force tendre. Il avait une façon ravageuse de glisser son regard dans les yeux, de frotter la main dans la région des reins ou de serrer sa partenaire à la nuque pour l'immobiliser et la conduire à l'acceptation. En général, les femmes cédaient d'autant plus aisément qu'il était bel homme et qu'elles étaient assurées que le faux pas resterait ignoré, sans conséquence ni aucune répercussion sur la conjugalité honorable. De cette étreinte de l'incognito, alors que l'amant rentrait dans les fourrés, il ne subsistait rien, sinon une trace dans la chair encore remuée, et plus tard un souvenir à se projeter en secret, pour un profiter de nouvelles fois.

Outillé à merveille et infatigable — ce qui lui avait valu le surnom de « Blaireau » —, Macherot III, fidèle seulement à sa conviction, avait le cœur inconstant. Cependant, en dépit de ses succès, il n'avait toujours pas rencontré la femme qu'il pût, dans une adhésion entière, choisir pour être la mère de son fils. Une femme qui fût d'un physique agréable, d'une personnalité forte, d'une humeur gourmande, dotée de gènes à la fois délicats et retors.

Un après-midi de septembre, il était dans l'oisiveté, vaguement aux aguets, lorsqu'il remarqua à la longue-vue une forme féminine penchée sur un buisson de mûres noires qu'elle récoltait. De dos et courbée, elle offrait son derrière en évidence. Il y fut avec quelque empressement et la séduisit dans l'instant. L'accolade qu'il lui donna, arrachant les vêtements uniquement aux points nécessaires, ressemblait fort à un viol. La femme s'en releva frustrée, la chair un peu endolorie à l'endroit d'un plaisir si primitif et fugace qu'elle n'avait rien éprouvé.

Cependant, ne voulant pas demeurer sur une défaite, et curieuse d'une chose qui était peut-être à apprivoiser, elle revint le lendemain sur les lieux. Cette insistance surprit Macherot III, qui y vit une sorte de provocation : ne le mettait-elle pas au défi de déployer plus de talent et d'artifice ? Il avait appris dans l'intervalle qu'elle se nommait Thérèse et était l'épouse d'un garde forestier : à l'attrait d'abord anonyme s'ajoutait la perspective excitante d'un délit assez glorieux. D'autant que ce garde avait donné plusieurs fois du fil à retordre au braconnier et que celui-ci, en une occasion, n'avait pu lui échapper qu'en abandonnant sa proie : un cerf pris au câble dans la portée des phares. Il y avait là l'orgueil d'une revanche à prendre.

Une liaison s'établit. Pour tromper les soupçons et brouiller les vigilances, les amants clandestins changeaient constamment d'heures et de lieux, se retrouvant tantôt dans les buissons de saule près de la rivière, tantôt dans une clairière ou alentour d'une grotte. Quelquefois, Macherot III la conduisait par un jeu de piste jusqu'à l'endroit où il l'attendait, les bretelles déjà tombées sur les bottes. Il l'emmena même à l'affût pour lui faire voir une biche et son faon ou la danse délirante des bécasses à la croule, en espérant susciter des désirs mimétiques. Pendant qu'elle avait les yeux emplis de ces visions, il commençait de la dévêtir avec cérémonie, sans la moindre impatience qui eût tout gâché.

Thérèse, qui était un peu lente à s'émouvoir, appréciait d'être gagnée longuement par des caresses. Il assiégeait le sein, produisait un chatouillis dans le cou, traversait d'un glissement lisse la plaine ventrale, s'attardait de l'index entre les aines pour provoquer la mouillure. Chaque rencontre avait son menu, ses partitions d'émotions inédites, ses bouffées de bonheur et de néant, et Thérèse connaissait à chaque étreinte son « plaisir large et profond ».

Tout cela opérait si bien sans précaution, qu'elle se trouva grosse. Elle en fut alarmée : toute la plénitude de sa vie cachée allait être révélée au grand jour par le fruit. Déjà, dans le scandale, elle se voyait couverte d'ordure et d'opprobre. Comme il la questionnait sur sa conjugalité, elle avoua entre deux hoquets qu'elle avait encore avec son mari des relations accidentelles.

L'illumination se faisant dans son esprit, Macherot III prit un profil renfrogné pour expliquer qu'il ne fallait rien dire. C'était comme l'œuf de coucou glissé dans le nid des autres. Il devenait lyrique dans la persuasion : l'épouse honorable pourrait se réjouir de la fertilité de son inconduite et le mari croire sincèrement à celle d'une virilité intermittente.

Quant à Macherot III, échappant à beaucoup d'inconvénients, il se proposait d'attirer plus tard — peut-être simplement par l'aimantation du sang — cet enfant qui méritait qu'on lui transmît tous les secrets de la braconne.

Le boucher infidèle

Un boucher, une bouchère vivaient d'amour tendre. Ils avaient été, à leur première rencontre, éblouis l'un par l'autre, mais l'amour, qui ne peut durer toujours dans le foudroiement, s'était mué en un lien de complicité et d'affection, sans jamais le moindre brandon de discorde. De cette existence bientôt sans nouveauté, ils tiraient encore la plus complète satisfaction, dans une monotonie confortable, un ordre simple et souverain, où chaque heure apportait son devoir, sa contrainte, son appétit.

Elle servait au comptoir avec une dignité bourgeoise, les cheveux teints en blond et relevés en chignon. Le contact des marbres avait imprimé à sa chair la glaçure d'un blanc joliment veiné de rose. Tout en pesant et emballant l'entrecôte, elle avait de la conversation avec ses clients, recueillait les nouvelles d'une hernie, d'un accouchement, d'une réussite scolaire ou d'un rhumatisme douloureux, et manifestait tour à tour, avec mesure, des expressions de contentement ou de compassion, lançait des bravos circonspects et des encouragements intrépides.

Pendant ce temps, dans la chambre froide et la salle des opérations au centre de laquelle trônait l'établi, le boucher ouvrait les chairs. Il désossait, débitait les longes, séparait les quartiers, les abats et les issues, en maniant une série de hachettes et de couteaux aiguisés à la pierre ou à la sangle. Il opérait avec science et gravité, dans une maîtrise parfaite de son art.

Dans l'après-midi, il débutait les charcuteries qui faisaient sa réputation. Il nettoyait scrupuleusement les viscères à l'eau froide, hachait les viandes, cuisait au bouillon la tête de veau, en écumant comme une moelle grise en surface. Sur une table contiguë, il travaillait le rognon, la panse, le foie aux reflets bleuâtres, le cœur tranché aux artères et qui conservait en creux un éclat écarlate. Il avait le secret des ajouts, des ingrédients subtils et des épices, et il opérait des mixtions magnifiques, des compositions serrées, préférant tout à coup le clou de girofle, l'hysope, l'armagnac ou le poivre rouge, pour relever le goût ou le mettre en évidence. Enfin, quand ses yeux commençaient à se brouiller, il éprouvait des douleurs dorsales à force de rester dans la même position penchée ; il terminait alors en mettant des pieds de porc en gelée.

La nuit, il avait des sommeils ronflants, sans que revînt jamais le hanter le tableau des bêtes écorchées. Il s'accolait étroitement à l'épouse dont la chaleur rayonnante se communiquait sourdement à toutes ses parties, sans plus provoquer, depuis quelque temps, le ressort d'un désir.

Il arrivait que la bouchère eût des courses à faire, son rendez-vous hebdomadaire chez la coiffeuse ou une séance délicate chez la pédicure ; il la remplaçait alors au comptoir, jovial et bonhomme, distribuant des conseils d'accommodement ou de cuisson. Il avait un : « Ce tournedos, il faut le saisir au rouge », qui en imposait, de la même manière qu'il préconisait avec une claire intransigeance « la langue aux raisins de Corinthe et au madère ».

Ayant remarqué l'horaire de ces relais, une estivante survenait toujours quand elle savait le boucher seul et à des heures de peu d'affluence. Elle s'exhibait dans des chemisiers léopard et des pantalons moulants, la chair drue, le regard enflammé, roucoulant et riant de la façon la plus sonore. Elle avait la réputation d'une mangeuse d'hommes : comment n'eût-elle pas été alertée par ce boucher à la carrure large et à la poigne forte, qui côtoyait journellement la chair crue, avec une familiarité experte dont on pouvait escompter tirer bénéfice sur d'autres plans ? Elle l'ensorcela très vite à coups de décolletés vertigineux, oscillant des hanches, roulant de l'arrière-train, et l'entraîna à la ville comme un fauve débusqué dont elle augurait des ardeurs.

À chaque joute amoureuse, le boucher qui était d'une santé insolente, d'une complexion sanguine, la regardait comme une proie qui lui était due, avec cet œil farouche et fou qui la faisait tressaillir jusqu'au tréfonds. Tout à coup, il s'agrippait à elle avec la rage d'un désœuvré, et elle se devait d'ordonner la progression pour ne pas y gâcher les trois quarts du plaisir. Sur son insistance à elle, ils commencèrent à se tâter longuement avant de passer à l'acte. Elle voulut aussi inaugurer d'autres postures d'accouplement et il ne fut pas aisé à convaincre, car il se plaisait fort dans la même position : il la serrait des deux paumes au fondement, écartait exagérément les hémisphères, cherchait à s'introduire dans l'orifice défendu, le désir accru par la résistance circulaire du muscle ; quant, tout à coup, avec une liberté stupéfiante, elle se décontractait pour permettre la plongée profonde.

Au comptoir, la bouchère restait digne, comme si de rien n'était, et quand, hypocritement, pour voir si le bât blesse, on lui demandait des nouvelles de son mari, elle répliquait invariablement : « En voyage, mais son retour est pour bientôt. » S'efforçant de surmonter une souffrance anxieuse et infernale, et en tout cas de ne rien en laisser paraître, elle comprenait que leur contrat conjugal était à un carrefour dangereux ; leur amour rencontrait un obstacle autant physique que moral, comme pour en éprouver le lien profond.

Cependant, dans l'impossibilité de se livrer tout à fait à l'insouciance, elle se sentait, elle aussi, conduite à l'infidélité : ne convenait-il pas d'équilibrer les exploits, d'être en quelque sorte à égalité dans l'aventure ?

L'occasion en fut un jeune apprenti qu'elle dut engager promptement pour la découpe et la charcuterie. Bernard avait toutes les grâces de la nouveauté et de l'innocence, tous les attraits d'une inhabileté intrépide. La relation où elle l'attira ressemblait fort à une initiation, bien qu'un jugement supérieur la portât à proscrire les plaisirs dénués de passion. Elle avait prévu le danger de l'attachement et, lorsque Bernard fut instruit agréablement des secrets de la chair, elle commença de l'orienter vers des filles de son âge, celles-là qu'elle repérait dans l'affluence au comptoir.

En ville, certains avaient croisé le boucher couvert de suçons, livide, hagard, épuisé par la femme vorace et insatiable. À tout moment, cette mante le déculottait, lui curait la pipe et, selon l'expression d'Apollinaire, n'attendait qu'une chose : qu'il fît pimpant dur et longtemps. Elle le portait au-delà de ses capacités avec une férocité voluptueuse, et il ressortait des étreintes toujours plus amaigri.

Effrayé à temps, le boucher s'éclipsa de ses griffes et rentra chez lui, de nuit, par le jardin, trouvant la porte de côté close, mais non fermée à clé.

Fureur énergumène

Les hommes qui remportent des triomphes auprès des femmes ne peuvent s'empêcher de s'en vanter. Lelarge était de ceux-là qui vont vers la femelle comme on se lance à l'abordage, avec des accès de franchise et cette netteté du cœur qui ne s'embarrasse de rien. Jamais il ne cherchait à embobeliner ses conquêtes avec des motifs d'absolu, des visions mystiques ni des mirages d'âmes se rejoignant à l'inaccessible horizon. Il avait le désir sans fioritures, la convoitise saine et sauvage, et ses succès venaient sans doute en partie de cette attitude tranchée en amour : la femme se sent rassurée d'un désir sans lendemain, qui ne la portera pas à une dimension démesurée ou à un mystère d'aimantation qu'elle n'est pas certaine de comprendre ni d'assumer.

Lelarge avait le front haut, la poitrine épaisse, et la chair drue, parcourue continûment d'une force nerveuse et fluide. Toujours une souplesse féline dans la démarche, un éclat de rivière dans les yeux rieurs. Il portait une boucle d'or à l'oreille gauche, une moustache qu'il rasait aux équinoxes et qui, le reste du temps, repoussée rapidement, tombait bas sur la lèvre.

Il fut barman en plusieurs endroits. Si le comptoir

reste un lieu privilégié de la drague qui va se conclure promptement entre deux draps, le comptoir fut aussi pour Lelarge, sans qu'il y prît garde, l'occasion permanente de toucher à l'alcool, à des doses toujours dépassées. Dans l'accoutumance, il était sujet à certains tremblements, certains troubles, et même à de dangereuses impressions de lévitation — tout cela qu'il réussissait à surmonter ou à exorciser d'une force allègre, d'un rire large et frais. Il avait des cuites magnifiques, mais jamais l'ivresse ne s'inversait alors contre lui-même.

Notre cavaleur aimait sans sublimation ni avilissement, ayant comme un don la faculté de troubler aussitôt la chair féminine et de transmettre son désir par contamination émotive. D'un seul, long et terrible regard, Lelarge disait sa disponibilité intacte dans l'éblouissement. Il se hasardait vers elles gaillardement, ne doutant pas de sa séduction immédiate ni de la réussite de son entreprise. « Pas d'hésitation, c'est la règle, recommandait-il aux mâles moins fortunés qui requéraient ses conseils au comptoir, car l'indécision se communique inéluctablement à votre partenaire, et c'est foutu. »

Lelarge, ému par les systèmes muqueux d'une grande délicatesse, se répandait en spécialités et s'épuisait l'ardeur aux reins en combinaisons inédites ; il lui venait la certitude fabuleuse que sa partenaire n'était qu'une annexe de lui-même, un prolongement indéfini et magnifique dans la nuit du mystère, s'il y en avait un.

Il devenait lyrique, ce dont il aurait dû s'inquiéter. Car, en dépit des fêtes charnelles dont la vie lui faisait présent, il sombrait dans l'alcoolisme, à l'intérieur d'une spirale infernale. De plus en plus fréquemment, il souffrait de troubles morbides, de migraines noires, de tremblements spasmodiques. Qu'il ouvrît les yeux ou les fermât, il flottait, tournoyait lourdement en tous sens, avec de soudaines pertes de pesanteur, au risque de se rompre le cou ou de se briser le membre. Il n'allait tout de même pas finir sa carrière sous le bonnet d'un derviche tourneur, cherchant par une danse en toupie à rejoindre la course éperdue des planètes lancées dans les abîmes.

Le plus grave, c'est qu'en buvant il se détériorait la santé et entamait méchamment sa virilité. En clair, il n'arrivait plus à s'ériger avec spontanéité. Il ne s'en fallait que d'une année à continuer à boire de la sorte, pour qu'il se retrouvât tout à fait impuissant.

Il venait de fêter ses cinquante-sept ans par une cuite mémorable, lorsque la Providence lui dépêcha un ange secourable en la personne d'une baronne, inscrite à la Ligue des alcooliques anonymes. Elle avait traversé les mêmes affres, et s'était mise en devoir de sortir de là ses frères en péril. En secourant son prochain, c'est elle-même qu'elle cherchait à maintenir dans une résolution triomphante.

Elle assiégeait le comptoir, poursuivait Lelarge de ses assiduités, et il répondit finalement à ses insistances, en désespoir de cause, ou piqué par une dernière curiosité innervée d'un petit espoir insensé.

Dans un registre assez subtil, la baronne conjuguait le secours samaritain et quelques techniques jugulatoires à certains appétits libidineux, dont le patient devait profiter au cours de la cure. Elle le mit d'abord au régime, ne lui donnant à manger et à boire que du blanc : du lait, du yaourt, du blanc de poulet, de la blanquette de veau, du riz, du céleri, du blanc d'œuf, des carrés de cabillaud ou des filets de limande. Si Lelarge accepta avec une docilité d'enfant malade ce régime spartiate de la blancheur, comme une thérapie qui avait plus d'effet si elle restait insolite, ce fut par le besoin qu'il avait d'être materné, et aussi en regard de compensations plutôt plaisantes. Leur éternité se passait le plus souvent au lit que la baronne avait fait construire spacieux, aussi large que long, le tout recouvert d'édredons bouffants, d'oreillers vaporeux et de courtepointes piquées de dentelles couleur crème.

Lelarge aimait la découvrir dans la posture de la louve romaine, ayant d'elle tantôt une perspective cavalière, tantôt une vue de plancher. Ce superbe arrière-train, d'une chair blanche et bouleversante, lui apparaissait comme le champ d'une bataille à relancer. À la frontière du connu et de l'inconnu, il lui venait aux narines une odeur de saumure et de fleur de sureau, un fumet d'algues dont il se soûlait à discrétion, avant de souhaiter se mettre à la tâche, de virile manière et avec des accès d'aménité toute féminine.

De s'offrir ainsi, sans la moindre gêne et sans rétraction — juste un engourdissement dans la position à la longue incommode —, emplissait l'aristocrate d'une volupté un peu alarmante. Il lui semblait devoir perdre pour un temps la dignité de son rang pour connaître la loi de l'attraction des corps.

Lelarge n'avait pas besoin de la flatter longuement du bout des doigts ou des lèvres pour qu'elle réagît merveilleusement.

En même temps, hasardant une main, elle obtenait de lui une érection assez somptueuse, dont il s'étonnait avec gratitude, en sentant les larmes lui monter aux yeux. Complices, ils assistaient à la résurrection du petit mort. Après l'avoir dirigé et introduit, elle le chevauchait en amazone, les cheveux gris répandus sur les épaules jusqu'au creux des reins. Le plaisir semblait venir de loin, par des détours, sur une voie incertaine semée d'obstacles. Mais finalement Lelarge se produisait, tandis qu'elle, toutes ses molécules resserrées autour des secousses, sentait s'évaser les ondes excentriques d'une jouissance méritée.

Les corps et les cœurs folâtraient en s'emparant d'un monde inédit.

Au terme de trois mois de ce régime blanc et libidineux, la baronne, retrouvant ses façons distinguées, le mit à la porte avec beaucoup d'élégance. Elle l'estimait guéri et expliqua d'une voix fine mais ferme qu'il était à présent de son devoir d'accueillir un autre cas désespéré. Appréhendant toutefois qu'en retournant au comptoir il retomberait aussitôt dans les affres, elle fit jouer ses relations et lui obtint un emploi ambulant.

Pendant quatre ans, Lelarge voyagea à bord d'une 4 L bleu roi, livrant journellement la soupe à des retraités et des familles défavorisées. Les bidons bringuebalaient à l'arrière, et il traînait dans les collines une odeur de pois et de lard fumé. Il y avait dans sa nouvelle fonction une utilité immédiate qui l'exaltait, et même une sainte impression de bénévolat en regard d'un salaire assez maigre. Et il y avait aussi, tout le long de la route, la liberté des feuilles et les extraordinaires variations de la lumière. Cependant, ironie du rôle, les vieux l'attendaient toujours avec, sur un coin de la table, un verre de prune ou de poire. Lelarge s'était remis à boire, terminant ses tournées à grandes embardées, avec des accélérations insensées.

On le trouva un matin d'avril au pied d'un chêne rouvre, entouré de moutons que sa présence dans leur pâture étonnait. Il serrait une poignée de pâquerettes dans une main, et un pistolet à canon court dans l'autre ; une grosse fleur rose et molle comme une éponge coulait de sa tête. Il y avait un point final qu'il avait tenu à apporter lui-même en toute connaissance de cause, sans que l'on sût jamais s'il avait agi dans un moment de détresse, d'indifférence altière, de tranquillité réaliste, ou simplement parce qu'il estimait avoir fait son temps. Dans la détonation, sa tête avait retrouvé de toutes parts l'univers en expansion.

III

LES MATINS DU MONDE

L'été 86, alors que Le Ravissement *rencontrait un petit succès de scandale et attirait des lecteurs indésirables, j'eus un accident. L'événement est révélateur et important, dans la mesure où l'on peut considérer qu'un accident a presque toujours sa raison enracinée en nous.*

J'avais hérité d'une moto ancienne, amoureusement astiquée par son propriétaire, avec un gros phare à l'avant, des garde-boue larges et étincelants, une selle de cuir bien rebondie sur des ressorts. En vitesse de pointe, et le vent dans le dos, la machine atteignait tout au plus soixante kilomètres-heure, mais elle correspondait tout à fait à mes ambitions. J'agrandissais mon territoire lotois, franchissais les frontières habituelles, et déplaçais le point à partir duquel rayonner. Cachant la moto dans la broussaille, je poursuivais à pied vers quelque point géodésique repéré sur la carte : une source, une caverne, un dolmen, ou une peupleraie où j'espérais trouver des girolles.

Une fin de journée, je revenais par la vallée du Célé, roulant insouciamment à une vitesse de croisière, l'œil glissé vers la rivière. Les feuillages se réfléchissaient en parfaite symétrie dans le miroir verdâtre des eaux : deux mondes se côtoyaient et se complétaient dans une tranquillité comme irréelle et fascinante.

J'arrivais à proximité d'une ferme, lorsqu'un chien noir

surgit de la cour et se précipita dans ma roue. Sous le choc, je fus projeté en avant, tandis que la moto traînait sur le flanc dans un couinement strident, pour s'immobiliser quelques mètres plus loin. Elle perdit aussitôt son essence sur l'asphalte, comme un grand insecte de métal crevé à l'abdomen et répandant son liquide lymphatique. Couché sur le côté, la tête comme embuée, je remuais pour m'assurer que je n'avais rien de cassé.

Quatre femmes accoururent affolées qui, de la petite fille à l'arrière-grand-mère, me portèrent à l'intérieur comme un trophée ou une proie inespérée, dans le dessein de me prodiguer immédiatement des soins. Dans l'enfance, la salle de bains avait été une loge du Jardin des délices, où la nudité des femmes semblait prolonger « la ligne invisible qui nous relie au mystère » ; mais à présent, le même lieu devenait celui d'une épreuve fâcheuse ou d'un supplice, déplaisant pour moi. Avec un empressement sans égards, que justifiait leur ardeur secouriste, elles m'arrachèrent en partie les vêtements, me tamponnèrent avec des bouts d'ouate imbibés d'un cocktail d'alcool pur, de teinture d'iode et d'éosine aqueuse. Le contact de leurs mains lisses, fuyantes, insistantes, me troublait malgré moi. Il y a un film de Clint Eastwood qui passa presque inaperçu : Clint, soldat blessé à la guerre de Sécession, est recueilli par une compagnie de femmes : amant changeant, protée amoureux aux ressources innombrables, il deviendra pour chacune d'elles celui qu'elles voudraient qu'il soit. Pour ma part, je demandai des nouvelles du chien. Il s'était réfugié apeuré sous la table, apparemment sans aucune fracture. La petite fille alla accroupie à sa rencontre. Je profitai de la diversion pour sortir sur le seuil. Le grand air me fit du bien, mais aussitôt une neige noire s'écailla dans mes yeux, et je perdis connaissance.

Je me réveillai, les yeux sur un plafond en pente, et il me fallut un certain temps pour réaliser *qu'il s'agissait* de notre chambre. La porte s'entrouvrit, et Mira apparut, toute réjouie de constater que j'avais rouvert les yeux. Elle semblait une houri dans le paradis d'Allah. Je fis un geste vers elle, aussitôt brisé dans mon élan. J'avais le corps meurtri et la tête comme empêtrée dans un relent d'ivresse. J'étais, à ne pas vouloir en douter, dans un rite de passage : les feuillages reflétés en symétrie dans la rivière, le chien noir, l'assemblée des femmes, le réveil dans l'autre et même monde, et Mira revêtue d'une substance que l'on eût dit surnaturelle. C'était l'été. La lumière en feu fluide autour des chênes et dans la grèze des genévriers, où j'avais observé au printemps les amours tumultueuses de deux couleuvres à collier.

Bien que frappé seulement d'un léger traumatisme, je restai au lit plusieurs semaines, gisant comme un énervé sur un radeau de fortune. J'étais plus ou moins fiévreux, suant d'abondance, uniquement sans doute par conviction ou nécessité personnelle : il me semblait devoir profiter de l'aubaine. Les éraflures qui me zébraient la poitrine et les jambes se cicatrisaient rapidement, sans laisser de traces. Je sentais mes forces autour de moi, ainsi qu'un vêtement hors d'atteinte.

Comme je souffrais par ailleurs de « presbytie psychologique », Mira, toutes les fins d'après-midi, me faisait la lecture. Ce furent d'abord des nouvelles d'Anton Tchekhov. Mais je fus bientôt las de ces nostalgies indéfinies, de ces mélancolies intimement meurtries et rapportées en demi-teintes : elles ne me convenaient pas en l'occurrence. Mira eut alors la bonne inspiration de choisir Le Dieu d'eau, de Marcel Griaule — la création du monde selon les Dogons du Soudan.

Aussitôt les mots m'atteignirent avec une acuité toute nouvelle et une véritable « force de soulèvement ». J'avais l'impression de rentrer dans le courant, de retrouver la mesure et la démesure du monde, et de me réincruster dans *ma chair, mes os et mon sang. D'épisode en épisode, l'impression magnifique ne se démentait pas.*

Une passion s'était amorcée, qui devait m'emporter pendant près de neuf années à la recherche des légendes de l'origine, recueillies par les grands voyageurs et les premiers ethnographes, du cercle polaire à l'Océanie, en passant par les deux Amériques et l'Afrique noire. Rassembler ces mythes introuvables, inconnus, dispersés, fragmentaires. Les traduire et les faire traduire de cinq ou six langues. Parfois les reconstituer à partir de variantes. Et finalement, les transcrire dans une langue orchestrée. Il s'agissait d'amener à l'existence écrite les contes cosmogoniques de la tradition orale, de la façon la plus précise et passionnée possible. Je retrouvais mon plaisir et ma présence multipliée dans un matelotage avec le monde des origines. Tout, y compris le concept même de création, me semblait devoir être repris à partir des commencements.

Au cours de mes recherches, je tombai inévitablement sur le mythe de la création des Navajos, et sur la cérémonie qui en accompagne la récitation. Cette cérémonie de neuf jours gravite autour d'un patient nommé Hatrali (« Celui au-dessus duquel on chante »), qui peut être considéré malade d'un point de vue strictement somatique, ou perturbé dans son esprit, traumatisé par une expérience fâcheuse ou effrayé par un mauvais rêve. On entreprend de lui raconter, étape par étape, l'histoire mythique des commencements. Les mots atteignent le patient d'une manière inédite. Ils sont aimantés. Sans rien perdre de leur fraîcheur originelle, ils tirent de l'ombre des fils d'or et les couleurs du monde. Certains, sertis de silence, prennent une force d'évidence ou une valeur de vision, comme à l'intérieur d'un cristal de roche. Et comme, par ailleurs, le récit de la création des Navajos est avant tout un récit de l'émergence — l'humanité première est tirée des demeures fœtales de la terre pour parvenir à l'air libre et à la lumière —, on peut comprendre que le patient effectue en lui-même un semblable déplacement. Il remonte des profondeurs obscures vers l'apparence claire. Il opère un retour à lui-même, trouve ou retrouve une présence émerveillée dans le présent.

Ainsi que le précise Mircea Éliade, en écoutant l'histoire mythique des dieux, des ancêtres et des premiers hommes introduits dans le monde, le patient est projeté hors du temps profane et inséré dans la plénitude du temps primordial. Il est revenu « en arrière », jusqu'à l'origine du monde. Il recommence *sa vie au sens propre du terme. N'était-ce pas une semblable expérience qui avait été la mienne, alors que, rivé au lit après l'accident, Mira avait commencé de lire la cosmogonie dogon.*

Toute cosmogonie, pour le dire simplement, est une vision de cohérence, un réseau d'orientation et de communication entre les mondes, qui s'impose comme un modèle de création et une loi d'harmonie. Elles racontent la naissance du monde, la création ou l'apparition de l'homme et de la femme, en cherchant à conférer à la créature son endroit et son rôle, tout en révélant « les profondes correspondances qu'ont en elle les structures du cosmos ».

Ces visions, variantes l'une de l'autre à partir de quelques inspirations majeures, offrent à l'imagination des canevas tout faits, et permettent au conteur d'improviser de nouveaux épisodes dans « le même esprit ». Le voilà jonglant avec des astres, des abîmes, des lumières, des dieux nus et des déluges. À travers les péripéties de la légende, il rapporte les événements primordiaux, la matière transformée, le sexe et la fureur, la mort complice ou malfaisante, et toutes sortes de messages, des courses éperdues entre les mondes, les circonvolutions des étoiles pareilles à des images-miroirs nous renvoyant les figures de l'infini.

D'une voix plus aimantée et allègre, il abordait le chapi-

tre jamais achevé du désordre amoureux. Les femmes descendirent sans sexe des étoiles, et il fallut la science infuse du pic-vert pour leur pratiquer une fine ouverture avec son bec, et déclarer bientôt que la voie amoureuse était libre. Le conteur rapporte tout à la fois des aimantations fulgurantes, des exploits, des périls, des intrigues, des métamorphoses, tout un bestiaire fabuleux à une ère de rêve, où l'on passait d'un aspect animal à une forme humaine, sans rencontrer de frontière. C'était le règne de la fluidité. Les visions appelaient au plaisir et à la présence au monde. Elles étaient à chaque fois une invitation à vivre.

Comment Corbeau déroba le soleil

Atquam, l'être suprême, créa les ancêtres de l'humanité dans sa demeure céleste, et il offrit ensuite à chacun de choisir sous quelle forme il souhaitait descendre sur la terre.

Pour mieux leur permettre d'arrêter leur préférence, le dieu déploya sous leurs yeux des capes de plumes, des ailes de velours, des figures, des fourrures de toute espèce. Il y en avait pour tous les désirs.

Le premier choisit d'être Corbeau et Atquam lui remit la robe noire et moirée de cet oiseau.

Le second devint Colibri : petit mais avec des couleurs éclatantes.

Leur jeune sœur s'orna d'une parure de coquillages dont les creux lisses et ombreux la fascinaient.

Enfin, le quatrième eut figure humaine et reçut le nom de Yuyulk'mai.

Tous les quatre descendirent dans les airs en décrivant une longue spirale.

Le monde d'en bas était plongé dans l'obscurité. Le soleil de l'autre monde ne brillait pas ici.

Avec un marteau en pierre bleue, l'homme commença de construire le barrage du saumon, pendant que les trois autres choisissaient un site près de la rivière et y construisaient un abri circulaire en branches de chêne. Un torrent traversait la maison.

La sœur-coquillage s'occupait du feu. Une lueur de cuivre se reflétait sur sa figure, ce qui ajoutait une magie, presque une mystique, à son air ordinairement songeur.

De tous les êtres qui avaient été créés, Corbeau était certainement celui qui se sentait le plus contrarié par l'obscurité perpétuelle. Peut-être parce que lui-même était noir, et qu'il eût voulu le soleil pour le mettre en évidence, par contraste.

Tandis qu'il effectuait ses tours de ronde, il n'arrêtait pas de grailler :

— Mais pourquoi vivons-nous dans l'obscurité, sans voir le monde, sans même nous distinguer les uns des autres ? Mais pourquoi vivons-nous dans l'obscurité ?

Comme il se découvrait de plus en plus désespéré, il crut se rappeler qu'au temps où Atquam leur avait permis de choisir leurs parures il avait remarqué un sac suspendu dans la demeure céleste. C'était un sac de grande dimension ; une sorte d'or liquide filait à travers les mailles du tissu.

Sur une obscure impulsion, Corbeau s'en fut au ciel.

S'approchant de la demeure céleste, il observa que la fille d'Atquam y était seule. Dans un moment de bien-être, elle allait se désaltérer d'une coupe d'eau fraîche. Il se changea instantanément en grain de poussière, profita d'un léger courant d'air, et se laissa choir dans la coupe. Mais la fille, à l'instant d'y porter les lèvres, l'aperçut, le repêcha du bout de l'ongle, et l'expédia au loin.

Sans se décourager, Corbeau se changea en fil à coudre. Il profita du même léger courant d'air et se laissa choir de nouveau dans l'eau. Hélas ! le fil resta en surface. La fille le remarqua et souffla si fort qu'elle produisit une petite tempête dans la coupe.

Tout cela, sans penser un seul instant qu'il pouvait s'agir de Corbeau. Elle songeait à l'amour comme à un corps de brume, dont le visage se dérobait, mais, qui, une fois éveillé à son désir, n'aurait plus de regards que pour elle.

De son côté, Corbeau se disait qu'avoir été créé par un dieu n'était peut-être pas suffisant. Il lui fallait renaître par la femme. Il avait choisi cette fille pour être sa mère. Ce commerce divin était nécessaire. Et c'était peut-être la meilleure manière de s'introduire dans la demeure, en y arrivant de l'intérieur, pour ainsi dire.

Corbeau se réduisit alors à un peu de boue et, profitant d'un instant d'inattention de la fille, se répandit dans le verre d'eau.

Elle le but avec insouciance, sans même y déceler une petite pointe d'amertume. Mais, quelque temps plus tard, elle fut surprise et perturbée de se trouver enceinte — et cela, sans en avoir eu le plaisir.

Sa conviction la plus intime lui interdisait d'imaginer un seul instant qu'il pût s'agir du corps de brume au visage dérobé qui apparaissait quelquefois dans ses rêves. Pour ne se sentir déshonorée en rien, elle se plaisait plutôt à croire que c'était son propre désir d'amour qui l'avait, en quelque sorte, fécondée.

Dans la course du temps, elle donna naissance à un fils qui était, bien évidemment, Corbeau.

L'enfant grandit avec une rapidité phénoménale. Il se révéla d'une turbulence extrême : déluré, espiègle, capricieux. Trop gâté, il réclamait sans cesse de nouveaux jouets, et il hurlait si on ne les lui accordait pas sur-le-champ.

Comme il se faisait porter par sa mère à travers toutes les chambres de la demeure céleste, il aperçut enfin le sac suspendu. Il en arrêta presque de respirer. Des gouttes d'or filaient à travers les mailles.

Aussitôt il le réclama. Sa mère se rétracta, comme devant une limite à ne pas franchir. Cette attitude eut pour effet de déchaîner l'enfant. Ses cris devinrent stridents. Il se roula sur le sol, en proie à une véritable crise d'hystérie. Effrayée et à bout de nerfs, la mère, pour avoir la paix, décrocha le sac d'un geste rageur et le jeta à l'enfant ; puis elle s'écarta, furieuse d'avoir cédé une fois de plus.

Intrigué, l'enfant tournait et retournait le sac sur le plancher des nuages. Il le tâtait sous toutes les coutures et sentait une onde chaude lui traverser les paumes et se prolonger dans l'épaule. Comme si le soleil lui éclairait déjà le cœur et mûrissait tous ses muscles. Jamais il n'avait éprouvé une telle sensation.

S'avançant sur le pas de la porte, il observa que le sac était noué, et il se mit en devoir de le desserrer. Le soleil en sortit comme un gros poisson d'or.

Ébloui, Corbeau reprit sa forme primitive, plus

appropriée pour ce qu'il avait à faire. Il commença de distribuer les rayons sur toute la terre, les portant chacun sur ses ailes noires et moirées, tout en criant d'une voix railleuse et dérisoire.

Avec l'apparition du soleil dans le monde, l'eau de mer se résolvait en vapeurs. Des nuages se formaient dans l'atmosphère. Et il y eut de nouveaux phénomènes dont les hommes furent les témoins épouvantés ou exaltés. Il y eut l'orage, l'arc-en-ciel, l'éclair aux racines d'argent, l'oiseau-tonnerre aux ailes de métal.

Apparut aussi Écho, un bavard impénitent, très doué pour apprendre toutes les langues. Quelquefois, à la nuit tombée, la sœur-coquillage, sûre de ne pas être épiée, allait lui parler. Elle avait avec Écho de longs entretiens. Et elle se confiait, assurée du retour de ses pensées les plus secrètes.

Selon les légendes de l'origine
des Indiens Bella-Coola,
côte ouest du Canada.

Les femmes au sexe d'oiseau

À l'origine, dans les Caraïbes, la grande puissance nommée Ia-ha fit sortir le soleil et la lune de l'antre de la terre.

Elle les fit sortir d'une caverne, dans la partie de l'île constamment couverte par les brouillards bleus.

Ce fut dans cette même caverne qu'apparurent les premiers êtres humains.

Rien que des hommes, mais de tous les âges.

À la nuit, ils allaient pêcher le long des rivages. Et il leur fallait revenir avant le lever du soleil. S'ils ne réussissaient pas à rentrer à temps, la lumière les surprenait ; les rayons de soleil les clouaient sur place. Et ils étaient transformés en rochers, transformés en mirobolaniers, arbres qui se mirent à abonder dans l'île.

Une nuit qu'ils allaient se laver dans la vasque d'un torrent, ils entendirent des voix qui folâtraient dans l'obscurité. Ces voix jouaient entre elles, sur toutes sortes de tons.

Ils s'approchèrent en retenant leur souffle et aperçurent des créatures étranges. Elles avaient des formes plutôt rondes, tout en courbes, qu'ils pouvaient espérer être des formes de femme, mais sans en être sûrs, car elles restaient animales par d'autres aspects.

Se voyant découvertes, ces créatures poussèrent un cri et se mirent à grimper au tronc d'un mirobolanier. Les hommes tentèrent de les saisir, mais ces femmes animales leur glissèrent des mains.

Il leur fallut tout un jour dans leur caverne pour se remettre d'un long trouble.

Ils délibérèrent et décidèrent, sur le conseil des vieillards, que quatre d'entre eux seraient choisis parmi les plus galeux et les plus lépreux pour saisir ces femelles de leurs mains rugueuses.

À la nuit ces quatre-là furent expédiés à la capture de leurs futures compagnes. Ils se mirent à l'affût, se glacèrent en entendant les voix. Lorsque les créatures furent toutes proches, ils se précipitèrent sur elles, qui crièrent plus encore, d'horreur cette fois, en apercevant leurs faces de galeux. Mais de toutes celles qu'ils purent saisir, quatre seulement restèrent entre leurs mains.

Avec un sentiment de triomphe, ils rapportèrent leurs trophées à la caverne.

Toutes les quatre s'étaient repliées contre la paroi, effrayées, muettes, serrées les unes contre les autres. Les hommes se contentèrent un temps de les observer, comme s'ils devaient se familiariser avec leurs formes avant d'oser les approcher.

Nonobstant leurs cris de protestation, ils les visitèrent ensuite avec les doigts, très soigneusement, et découvrirent qu'elles étaient tout à fait dépourvues de parties génitales.

Quel commerce vouliez-vous avoir avec elles ?

Il était agréable de les cajoler pendant un moment, mais ce moment ne pouvait durer toujours et leur désir restait raide et douloureux. C'était une cruelle ironie du sort, une épreuve intolérable, d'avoir à la portée des corps de femme dont l'odeur animale, très musquée, émoustillait les narines, et de devoir s'écarter pour des épanchements solitaires.

Ils consultèrent à nouveau les vieillards. Ceux-ci prirent un air réfléchi, austère, un peu solennel. Un instant, ils sombrèrent dans la mélancolie en songeant peut-être au plaisir qu'eux-mêmes ne pourraient plus tirer. Enfin, avec la capacité divinatoire des personnes âgées, ils donnèrent leur avis ; ils conseillèrent d'appeler à la rescousse l'oiseau nommé pic-vert.

Il leur semblait tout désigné pour pratiquer une fine ouverture avec son bec, pendant que les galeux maintiendraient les femmes.

Le pic-vert fut convoqué. Il s'étonna de se voir confier une mission aussi délicate et se sentit à la fois honoré et craintif d'une telle responsabilité. C'était une mince affaire, un travail intime, qui demandait une patience précise et un toucher d'orfèvre.

L'oiseau ébaucha le sexe d'un coup de bec, sans réussir cependant à tracer une ligne tout à fait droite dans la pilosité. Ensuite, du revers du bec, très doucettement, il écarta les lèvres sur un rose de nacre. Il s'aventura en profondeur, de la même manière qu'il forait la cavité de son nid sous les écorces. À la fin, de sa salive d'oiseau, il humecta la fleur.

Tout fut achevé. Tout fut parfait. Et à son goût et

au goût des hommes qui lui en témoignèrent une éternelle gratitude.

Ils commencèrent à se reproduire, et avec eux, avec elles, se reproduisit la mort.

Les défunts se promenaient dans les ténèbres et se nourrissaient avec une avidité exemplaire de fruits qui nous sont inconnus et qui ressemblent à des coings.

À la tombée du jour, ils avaient avec les vivants de longs entretiens. Quelquefois, ils se glissaient dans les lits et trompaient les femmes en reprenant leur apparence d'homme. Ils se montraient aussi forts qu'elles étaient en droit de l'attendre. Mais, arrivés à l'acte, ils disparaissaient aussi soudainement qu'ils étaient apparus.

Selon les légendes de l'origine
des anciens Caraïbes.

Le dieu retiré du monde

Dans les premiers temps, Kum avait créé le monde de par sa seule parole.

Il avait crié « Forêt » et la forêt avait grandi dans le vocable. Il avait crié « Collines » et les collines étaient apparues. De sa langue s'était écoulé le fleuve, s'étaient envolés les oiseaux. À force de paroles, Kum avait façonné le monde tel qu'il s'offre encore aujourd'hui.

Un matin, Kum s'en alla dans la forêt jusqu'à l'arbre qui donne les noix de nkula. Il empoigna le tronc, le secoua avec force, et une grêle de coques roula dans les herbes. Il ramassa les noix dans son sac de chasseur, et s'en fut vers le fleuve, jusqu'à l'embarcadère où il avait amarré sa longue pirogue.

Le visage dans le vent fluide, il cria deux fois.

À son appel, le crocodile arriva d'une nage lourde et louvoyante. Kum l'attacha à l'avant de la pirogue et lui commanda de gagner le large. Le crocodile, aussitôt, se mit à pagayer.

Parvenu au milieu du fleuve, le créateur lui commanda de s'arrêter, et le crocodile s'immobilisa en surface.

Du sac, Kum sortit alors une noix. Il la remua entre les doigts, souffla dessus, avant de l'entrouvrir. À l'intérieur, le fruit ne s'était pas encore formé. C'était une pâte noire dans laquelle Kum modela une tête, des bras et des jambes. Il fit le premier homme. Puis il en fit un autre. Un autre encore. En répétant, à chaque fois, exactement l'opération.

Ensuite, il mit à l'eau toutes les coques avec à leur bord les membres de la première tribu. La flottille se dirigea vers la terre. Les embarcations y allaient d'elles-mêmes, glissant entre deux eaux, tandis que Kum regardait vers le large. Il s'abîmait dans un long songe qui n'avait plus rien pour objet.

Comme le soleil rougeoyait aux portes du couchant, le créateur redressa la tête et parut reprendre ses esprits. Il était temps de rejoindre le rivage.

À mesure qu'il approchait, Kum apercevait sur la rive de grands feux de roseaux. Tous les hommes l'attendaient. Rentrés de la chasse, ils avaient dépecé leur gibier et le faisaient griller sur les braises.

Le créateur s'assit dans leur cercle ; il partagea leur repas, conversa avec eux, mais sans jamais vraiment se montrer. Les flammes, qui se reflétaient sur tous les visages, inexplicablement ne se reflétaient pas sur la figure du créateur. Il leur restait dérobé. Comme s'ils ne devaient jamais distinguer les traits du dieu.

Les premiers hommes ne mirent pas longtemps à remarquer que tous les animaux avaient leurs femelles, et qu'eux étaient sans femmes. C'était un manque, le défaut d'une présence utile au quotidien, une jouissance qu'ils ne pouvaient pas imaginer vraiment, et l'impossibilité de se reproduire.

Forts de leurs droits, ils réclamèrent des compagnes à leur créateur.

— Je vais y réfléchir, y réfléchir, y réfléchir, répondit Kum en s'éloignant, d'un air si absorbé qu'il paraissait contrarié.

Le lendemain matin, il les réunit ; il leur commanda de prendre leurs arcs et leurs flèches, et de partir à la chasse.

— Partez et rapportez-moi ce que vous aurez tué. Que personne ne revienne sans sa proie.

Et tous s'égaillèrent en forêt et en brousse.

À la tombée du jour, quand ils furent rentrés au camp, Kum leur dit de poser à leurs pieds l'animal qu'ils avaient tué. Celui-ci déposa une antilope, celui-là un cochon sauvage ; d'autres un porc-épic, une tortue terrestre ou un écureuil volant. Beaucoup avaient rapporté, en travers de leurs épaules, un singe désormais sans vie.

Avec un air étrangement grave et recueilli, le créateur s'approcha de chaque homme, se plaça devant lui, se pencha et souffla sur l'animal qu'il avait tué. Des formes aussitôt se levèrent du sommeil de la mort. Mais ce n'était plus un gibier particulier ; c'était une femme.

Des fourrures inertes se levaient des épaules nues, des seins de toute forme, des hanches larges, tout un enveloppement de lignes et de courbes, des cuisses d'un noir brillant. Les yeux des femmes s'écarquillaient sur le monde. Leurs lèvres se descellaient sur un rire, un sourire, une moue gourmande ou une expression déjà inexplicablement désabusée.

Chaque homme, dont les battements de cœur s'étaient précipités, emmena la sienne, chacune ayant le caractère de l'animal dont elle était issue : vive comme l'antilope, imprévisible et agile comme l'écureuil, cossarde comme la tortue, piquante comme le porc-épic. Beaucoup étaient criardes, surtout la nuit, à l'instar des singes tapageurs dans les arbres.

L'une de ces filles fut attachée au service de Kum. Le créateur lui avait intimé, sous peine d'attirer le malheur sur le monde, de ne jamais chercher à le voir ni même à l'entr'apercevoir. Si jamais il la croisait, elle devrait fermer les yeux, nécessairement.

Mais un soir la fille succomba à la curiosité qui brûlait en elle. Elle résolut d'épier son père en cachette, s'approcha sans bruit, se tapit et colla son œil à une fente entre les palmes tressées de la case. Le cœur palpitant, elle fit un faux mouvement dans l'espoir d'apercevoir enfin sa figure. Mais Kum l'entendit, sortit aussitôt en fureur. Et le châtiment suivit la faute. Il rassembla les hommes et leur annonça que désormais ils devraient vivre sans lui : il allait se retirer du monde.

Ayant ainsi parlé, Kum disparut vers l'aval du fleuve. Sa silhouette se fit de plus en plus transparente, comme les contours d'un rêve évanoui, alors que le jour s'obscurcissait.

Autour des feux de roseaux, les premiers hommes et leurs compagnes restèrent longtemps sans rien dire. Comme si par leur silence ils rejoignaient le silence de Kum, auteur du ciel, des astres, de la clarté croissante de la lune, et des yeux dont la pupille sans fin leur renvoyait son image.

Selon les légendes de la création
des Pygmées
de la forêt équatoriale.

Les femmes-étoiles

Cependant, il n'existait encore aucune femme Toba.

Les hommes se masturbaient dans des calebasses, et, quand elles étaient pleines, il en sortait des enfants. L'onanisme était donc une nécessité féconde, une pratique de la postérité.

Plus précisément, la semence tournait sous l'écorce du fruit, et il fallait répéter l'opération, provoquer fréquemment le plaisir, pour que l'obscurité chaude de la calebasse s'imprégnât bien du liquide séminal.

En dehors de cette activité solitaire pour assurer la lignée, les hommes occupaient le plus clair de leur temps à pêcher et à chasser sous la conduite du Wolé, l'oiseau noir du fleuve.

À la tombée du soir, les jeunes gens se retrouvaient au campement ; ils mettaient la viande et le poisson à boucaner. Ils conservaient le surplus sur les toits de leurs huttes, et passaient une partie de la nuit à bavarder. La parole remuait des ombres d'or.

Cependant, de jour en jour, leurs provisions disparaissaient. Les hommes, qui croyaient être seuls à vivre ici, n'y comprirent rien. Ils suspectèrent une présence maligne de la broussaille et ne se couchèrent que d'un œil, leurs armes à portée. Les étoiles clignotaient de leurs feux de glace, mais aucun ne songea un seul instant qu'elles pouvaient être mises en cause.

Le jour suivant, les provisions avaient de nouveau disparu. C'en était trop. Le Wolé, lui-même, décida de rester au camp pour surveiller leurs biens. Il se posta dans un caroubier.

Les chasseurs n'étaient pas plus tôt partis, que le Wolé entendit des rires. Ces rires venaient du ciel, comme de petites cascades d'écume. Il vit alors des femmes-étoiles descendre le long des lianes, et se précipiter sur le poisson d'abord, puis sur la viande.

Mais le plus stupéfiant, c'était que ces femmes étaient pourvues de deux bouches. Elles avaient effectivement la vulve garnie de dents, et elles ingurgitaient la viande aussi goulûment par le haut que par le bas.

Quand tout fut dévoré, elles s'étendirent à l'ombre.

Le Wolé reprit alors sa respiration, et fit malencontreusement tomber une gousse du caroubier. L'une des femmes se redressa vivement, invectiva sa voisine, laquelle, levant les yeux au ciel, aperçut l'oiseau dans l'arbre. Elle voulut en faire son mari sur-le-champ. Une troisième s'y opposa. Une quatrième le réclama pour elle-même. Et elles avaient pour cela de semblables raisons : il n'est pas enviable d'être une étoile, condamnée à clignoter éternellement, sans qu'un mari jamais vous courtise le cœur et vous réchauffe le corps.

Cependant, la première des femmes, restée sous le caroubier, fixait le volatile droit dans les yeux et grommelait sans pitié entre ses dents :

— Mariez-vous avec lui si vous voulez, mais moi je m'en vais l'abattre !

Elle commença de lui lancer des tisons. L'oiseau

fut criblé, se tournant d'un côté et de l'autre, parant les coups avec ses ailes.

Faute de pouvoir l'achever, les femmes le laissèrent et s'accrochèrent à leurs lianes. Elles étaient déjà à une certaine hauteur, lorsque le Wolé retrouva ses esprits et prit son envol. En cercles lents et de plus en plus rapprochés, il réussit d'un coup d'aile à trancher l'une des lianes. Un lot de femmes tomba comme un régime de fruits en s'enfonçant dans la terre. Exalté par cette prise exceptionnelle, le Wolé rappela les chasseurs à grands cris.

Tous s'émerveillèrent de ces femmes dont seules pourtant les épaules nues s'offraient à leurs yeux.

On alla quérir le tatou, connu pour être un fouisseur de premier ordre. Il était un peu sourd et l'on mit un certain temps à le convaincre ou lui tout simplement à comprendre ce qu'on lui voulait. Il les accompagna d'une démarche engourdie et se mit à déterrer les femmes. Il suffisait à chaque homme de tendre les bras pour recevoir la sienne. Lassé d'extraire des femmes pour le compte des autres, le tatou éborgna la dernière, afin que personne ne vînt la lui disputer.

— Attention, cria le Wolé, pas de précipitation. Ces femmes ont deux bouches. N'allez pas coucher avec elles. Sinon, je ne réponds de rien.

L'un d'eux entraîna la sienne au bord de la lagune. L'air doré du soir le soûlait insidieusement tandis que ses yeux s'ouvraient sur les formes inconnues de sa compagne.

Il commença de la toucher partout, en contournant toutefois, prudemment, la vulve. Mais il finit par perdre son contrôle dans l'attouchement, voulut la pénétrer, et au moment où il enfonçait son pénis, la femme le lui sectionna d'une simple contraction.

Il en mourut, c'est-à-dire qu'il tomba dans un long tronçon de temps mort, au terme duquel il se réveilla, prêt à recommencer l'aventure mais en usant cette fois d'un subterfuge.

La femme s'était abandonnée au long murmure du fleuve. Tournée sur le dos, elle s'émerveillait de la vue que l'on a ici-bas du ciel étoilé. En même temps, elle se découvrait navrée de cette particularité funeste de son anatomie qui l'empêchait d'éprouver le plaisir profond.

Pendant ce temps, le mari se taillait adroitement dans un moignon de branche la réplique d'un pénis, qu'il dota ensuite de deux fruits noirs. Il revint tout excité avec cet attirail près de la femme et voulut coucher une seconde fois avec elle.

Cet acharnement, douloureux pour lui, l'étonna, mais elle le laissa faire puisque tel était son désir. Lorsqu'il s'introduisit en elle, et qu'elle chercha à le mordre, elle ne réussit qu'à incruster dans quelque choses de roide toutes les canines de ses parties intimes.

Pendant ce temps, les autres Tobas avaient fini par trouver le sommeil auprès de leurs compagnes. Le Wolé les réveilla à l'aube, annonçant un vent du sud, et leur commandant d'allumer des feux.

Les femmes grelottantes vinrent s'accroupir, jambes écartées, devant les flammes. Et les hommes, fascinés, observaient le jeu de lueurs et d'ombres furtives entre leurs cuisses.

Après qu'ils se furent éloignés sur un geste de lui, le Wolé prit une pierre et cassa toutes les dents, à l'exception d'une seule, que les femmes ont conservée. Il pria le tatou de se livrer à un examen minutieux et d'introduire sa queue caparaçonnée pour s'assurer que la chose ne présentait plus aucun danger.

Le tatou parut se passionner gravement à cet examen ; il finit par redresser la tête et la secouer sourdement dans le sens attendu. Le Wolé battit alors le rappel des maris, prenant plaisir à leur annoncer lui-même que la voie amoureuse désormais était libre.

Selon les légendes de l'origine
des Indiens Tobas
de l'Argentine et du Gran Chaco.

L'obscurité, la boue

Au commencement, il n'y avait rien. Rien que des ténèbres sans rumeur et sans fin.

Seuls, dans l'obscurité du monde, vivaient Sâ, la mort, sa femme et leur fille unique.

Pour avoir un lieu où résider avec les siens, Sâ, par des moyens occultes, s'était créé une immense mer de boue. Ils y vivaient obscurément, tous les trois, en famille, inutiles et paisibles, sans aucune notion du temps.

Un jour apparut Tangana, Dieu. Peut-être s'était-il engendré lui-même. Peut-être avait-il toujours existé, nulle part et partout, en silence, en secret, sans éprouver jusqu'ici le besoin de se manifester.

Tangana rendit visite à Sâ dans son royaume de fange et fut horrifié. Toute cette nappe informe et lugubre lui soulevait le cœur.

— Comment, s'écria Tangana, as-tu pu te construire une demeure aussi pitoyable et sinistre ! Il n'y a pas d'arbres, pas un brin d'herbe, pas un seul être vivant, et tout reste toujours sans lumière !

Mais, tandis qu'il dénonçait cela avec emportement, l'idée le traversa qu'il ne fallait pas demander à la mort d'avoir d'autres inspirations.

Sans attendre de réponse, Tangana se mit à l'œuvre. Il entreprit d'abord de solidifier la boue, et le monde ressembla à une grande poterie gorgée d'ombre : c'était la terre. Mais celle-ci apparaissait aride, stérile, lugubre encore. Alors, de sa propre initiative, Tangana fit sortir de leurs graines et de leurs gousses les fibres élancées de la végétation. Les herbes se rassemblèrent pour constituer la brousse. Sous un délire de feuilles vertes se forma la forêt. Dans les herbes aussi bien que dans les airs, Tangana créa les animaux à poil et à plume. Leurs cris et leurs trilles retentissaient jusqu'aux confins du monde.

Satisfait de ces améliorations apportées à son royaume sans qu'il eût rien demandé, ce qui ne le mettait pas en dette, Sâ se prit d'une grande amitié pour Tangana. En guise de gratitude, il lui offrit l'hospitalité dans le monde même que le créateur avait aménagé.

Cet air de paradis donnait à la femme et à la fille de la Mort une clarté nouvelle, fraîche et fruitée. De les côtoyer, Tangana ressentit bientôt l'infortune d'être célibataire, et fut séduit par l'idée et le désir d'avoir lui aussi une femme.

Une compagne, même pour un dieu, est toujours un complément dont on ne peut se dispenser, un prolongement sensible, une coquille où se créer et se recréer sans cesse ; elle est aussi le lieu de fertilité, la promesse d'une descendance.

Tangana ne mit pas longtemps à demander à son hôte la main de sa fille unique. Mais le père trouva de nombreuses excuses pour se dérober et repousser le soupirant, et il finit par refuser tout net d'accéder à cette demande.

Tangana obtint cependant un rendez-vous secret avec la jeune fille. Comment celle-ci n'aurait-elle pas été attirée, à tout le moins intriguée, par un dieu qui avait sorti de la boue un monde de rêve et répandu sur tout un air vivifiant qui donnait à sa peau un bel éclat ? Sans compter qu'il ne se trouvait aucun autre prétendant à la ronde. Elle donna bien vite son assentiment, et Tangana l'épousa contre la volonté de son père.

Pour échapper au courroux de la Mort, le couple se sauva dans la partie la plus reculée de la terre. Là, ils vécurent éperdus de bonheur, ravis continûment l'un par l'autre, au point d'éprouver le désir de se multiplier. Ils n'eurent pas moins de quatorze enfants, sept garçons et sept filles.

Mais, à la stupeur des parents, chacun de leurs enfants parlait un langage différent. Ils ne se comprenaient pas entre eux, et Tangana ni la mère ne les comprenaient davantage. C'était une cacophonie de vocables étranges, brisés les uns contre les autres, et dont les ténèbres rendaient un écho compliqué et confus.

À ce moment, sortilège de Sâ lui-même, le coq, gonflant son camail, entonna son premier chant.

Et voilà que le miracle se produisit : le soleil se leva, éblouissant, comme une grande lessive d'or à l'horizon. Le soir, ayant atteint l'extrémité de la terre, l'astre alla se coucher, tandis qu'apparaissaient les étoiles et la lune croissante pour éclairer les chemins.

Ayant ainsi donné au monde les lumières du jour et de la nuit, Sâ appela Tangana et lui dit :

— Tu m'as pris mon enfant unique, et en retour

je ne t'ai fait que du bien. C'est à présent à toi de me rendre service et de faire la preuve de ta gratitude.

« Durant ces années de ténèbres, j'ai été privé de ma fille, de mon unique enfant. Ma fidèle épouse et moi-même en avons été très affectés. Désormais, en échange et pour racheter ta faute, tu devras me donner l'un de tes descendants chaque fois que je choisirai d'en appeler un. Il entendra au profond de ses rêves un bruit de calebasse. Ce sera mon appel, auquel nul ne pourra se dérober.

Selon les légendes de la création
des Konos de Guinée.

La fille de la truite

Selon les Indiens Desana de Colombie, les premiers hommes arrivèrent à bord d'un serpent-pirogue. Ils remontèrent le fleuve jusqu'aux sources. Là, ils se séparèrent pour former les différentes tribus. À cette époque, il n'y avait que des hommes.

L'ara et le cujubim des forêts avaient leurs femelles. Et de même le tapir, l'agouti, l'ocelot, le singe laineux et la sarigue aux yeux mystérieux de gypse. Tous, à l'exception des hommes, jouissaient du privilège et du plaisir de se multiplier.

Le maître des poissons, lui-même, avait ses femmes dans la rivière. D'elles, d'étreintes fluides et multiples, il engendra une fille, la fille de la truite.

Celle-ci grandit dans les rapides. Née avec la nage, elle côtoyait les courants, les ruées d'eau, les zones froides sous les arbres et l'onde chaude exposée au soleil.

Une nuit, à travers la vitre mouvante de l'eau, elle fut attirée par une clarté jaune, sans cesse changeante, vacillante. Piquée par la curiosité, elle sortit du courant et s'approcha du feu autour duquel un Indien Desana se réchauffait.

De cet être, d'un autre élément, si beau, abîmé

tranquillement dans sa rêverie, la fille de la truite tomba instantanément amoureuse. Elle approcha encore, le souffle frémissant, se glissant presque silencieusement d'un arbre à l'autre. Le Desana l'entendit, aussitôt tiré de son songe ; il tourna sur lui-même et la vit : belle à ravir dans sa robe arc-en-ciel.

L'homme lui fit signe. « N'aie pas peur... » Sur le bout des doigts, il lui offrit le miel qu'il venait de récolter au creux d'un arbre, une coulée ensoleillée, encore liquide, qu'elle goûta d'abord timidement, avec méfiance, comme la saveur de son propre désir, puis qu'elle lécha à coups furtifs.

L'homme la para d'un collier de pépins colorés ; puis, d'une main à la hanche agréablement glacée, l'entraîna vers le fleuve, au bord des eaux mêlées de lune. Ce fut la première étreinte d'un corps d'homme et d'un corps fuyant de poisson.

Pendant qu'ils s'étreignaient, beaucoup d'animaux, alertés par les cris de plaisir, les épiaient, curieux et réjouis d'un accouplement nouveau. Le cujubim, vivement impressionné, regarda tant le pénis de l'homme qu'il en conserva le cou rouge. Le paresseux les lorgnait aussi, tapi sous de grandes feuilles palmées. La fille l'aperçut et, piquée de fureur, le transforma aussitôt en un animal très lent, alors qu'auparavant il était très agile pour grimper aux arbres.

Enfin, la fille ferma les yeux pour mieux jouir de la semence ensoleillée de l'homme.

Lorsqu'elle se trouva enceinte, la fille céda à toute sortes de caprices et de gourmandises : baies acides, noix de kola, larves de scarabées et fourmis rouges en guise de friandises. Il lui arriva même de se repaître voracement d'un petit poisson uari ; mais le mets lui tourna l'estomac et elle vomit les restes dans l'eau : les arêtes redevinrent aussitôt autant de poissons.

Pendant que l'homme ouvrait une clairière et faisait un brûlis d'arbres pour fertiliser le sol, la fille découvrait les tubercules du manioc. Elle les râpa savamment sur une planchette incrustée de cristaux de quartz. Puis elle passa la farine au crible, pétrit une pâte qu'elle aplatit avec les paumes et qu'elle fit cuire sous la cendre. Et l'homme se régala de ce pain doux et amer.

À l'accouchement, la fille perdit un long voile visqueux duquel se forma la raie. L'araignée velue, le scorpion et la grande fourmi noire sucèrent le sang, et c'est pourquoi leurs morsures provoquent des vomissements et des convulsions semblables à celles de l'accouchement.

La mère porta l'enfant à la rivière pour le laver. Les truites affluèrent alors de partout. La lumière faisait miroiter leurs couleurs arc-en-ciel. Elles reconnurent l'enfant pour l'une des leurs et célébrèrent sa venue par toutes sortes de chants de perles. Ensuite, la fille se releva et, berçant le fruit fragile de sa chair, s'éloigna sous les arbres.

Entre-temps, l'homme la cherchait, alerté par les cris du cujubim. Il arriva au fleuve, aperçut les truites encore rassemblées, saisit son arc et les transperça de ses flèches. Elles semblaient hypnotisées par l'ombre mouvante de l'homme. Sa pêche plutôt miraculeuse, il la ramena tout exalté à la demeure conjugale.

Lorsque la fille vit toutes les truites tuées, sa famille exterminée, de minces sanglots de verre coulèrent sur ses joues. Elle laissa l'enfant enveloppé dans de grandes feuilles vertes, et emporta toutes ses sœurs mortes vers le fleuve.

D'une nage lente et funèbre elle regagna avec elles la grande demeure de verre au fond des rapides.

Selon les légendes de la création
des Indiens Desana de Colombie.

Le sexe-serpent

Le dieu Saliaumbea s'éveilla excité sur sa litière de feuilles, en sa résidence du Marino, dans la mangrove. Son premier regard fut pour la pointe de Makata, où toutes sortes de scintillements miroitaient sur le récif.

Cédant à la plus intrigante des curiosités, Saliaumbea décida d'y aller voir. Il s'embarqua à bord de sa pirogue, et se laissa glisser entre deux courants. Les embruns lui emperlaient la figure d'une fine pellicule de sel.

Arrivé à proximité de Makata en fin de jour, il aborda sur le sable fin d'une grève, cacha sa pirogue, et s'approcha à travers le maquis.

Déjà la nuit tombait, grêle et poudreuse, entre les feuilles des palétuviers.

Plissant les paupières en direction des scintillements, il distingua des déesses *Tuarere.* Sur un signe de leur princesse, celles-ci retirèrent leurs ailes, entrèrent dans la mer, et nagèrent vers le large en emportant des filets de pêche.

Lorsque toutes eurent disparu à la limite des vagues et de la nuit, le dieu se sentit comme vidé de lui-même, déserté en même temps qu'indécis. Avalant son souffle, il sortit de sa cachette, arpenta le rivage, surpris de la rumeur de la mer qui lui engorgeait soudainement les oreilles.

Se penchant, il ramassa une paire d'ailes, lisses, longues et duvetées comme la qualité même de son désir encore indéfini. Les serrant contre la poitrine, il se retira sous le couvert des arbres.

Les déesses ne tardèrent pas à rentrer de la pêche, leurs nasses agitées de stries argentées. Elles remontèrent sur le récif, hors d'haleine. Leurs corps de perle ruisselaient d'eau vive et d'écume ; une lumière irréelle semblait refluer de la peau. Elles reprirent leurs ailes, les attachèrent soigneusement à l'endroit des omoplates, à l'exception de leur princesse qui ne retrouvait plus les siennes. Affolée, celle-ci fouillait le sable, et jetait de rapides regards d'incompréhension angoissée vers la lisière obscure des arbres.

Déjà le jour allait poindre, ce jour où elles pouvaient se dissoudre à jamais. Devant cette menace, et avant qu'il ne fût trop tard, la princesse commanda à ses compagnes de s'envoler vers les montagnes — ce qu'elles firent à regret, lançant en arrière des regards éplorés.

Saliaumbea relâcha sa respiration. Les battements d'ailes continuaient de lui résonner dans la poitrine. Sans réfléchir — comme si l'intelligence d'un dieu se marquait dans une détermination soudaine —, il se dressa et tira une flèche en l'air pour se donner l'apparence de chercher les ailes perdues, ou à tout le moins pour signaler sa présence.

Déconcertée, la jeune fille perdit un instant la conscience d'elle-même face à cet homme subitement apparu. Rien en elle, sinon dans la chair confuse des rêves, ne l'avait jamais vraiment préparée à une telle apparition. Retrouvant ses esprits, elle l'informa précipitamment qu'elle se nommait Sina et qu'elle se nourrissait exclusivement de chair fine et blanche de poisson. Puis, avec toujours autant d'empressement, elle l'interrogea et lui demanda où était sa résidence.

Saliambea l'entraîna dans la mangrove du Marino et lui montra sa litière de feuilles.

— Est-ce là ta résidence ? s'étonna-t-elle avec une déception tout avouée. Est-ce là la couche d'un dieu ? Va-t'en couper des arbres !

— Des arbres ? répéta-t-il ahuri après s'être attendu à tout autre chose.

— Tous les arbres à tronc droit que tu pourras trouver ! répliqua Sina, agacée de ne pas être aussitôt comprise.

Saliaumbea s'acquitta promptement de sa tâche, abattit des arbres dans la mangrove, les ébrancha, les écorça soigneusement, puis attendit de nouvelles instructions. Sur les ordres de Sina, il construisit une maison digne de ce nom, aménageant une chambre pour elle, une chambre pour lui. La femme voulait qu'ils dorment ensemble. Tant qu'à être privée de la liberté de ses ailes, autant satisfaire sa curiosité et connaître enfin ce plaisir inconnu dont elle devisait familièrement avec ses suivantes. Mais le dieu, avec un entêtement suspect, déclara qu'il voulait coucher à part. Et il avait une excellente raison qui était de ne pas dévoiler trop rapidement une nature très généreuse, et sans doute effrayante pour une prime jeune fille.

Une fois seul dans sa chambre, Saliaumbea éprouva le besoin de récapituler tous les épisodes précédents. Comme s'il devait rejoindre ainsi le présent et tenir la bride au désir qui le devançait. Tout s'était précipité depuis qu'il avait observé de loin les scintillements sur le récif. Ses pensées s'exagéraient. Il se dit qu'il était préférable de dormir.

Toutefois, il ne put gagner le sommeil, se tournant et se retournant en sueur sur sa couche. La proximité de la femme lui tenait tous les sens en éveil.

Dans la nuit, il enleva sa ceinture qui était son sexe enroulé autour des reins et faisant plusieurs tours. Il le déroula et l'envoya vers Sina en progression lente.

Celle-ci ne dormait pas davantage. Elle perçut un glissement sur le plancher, se dressa sur le qui-vive. Il ne pouvait s'agir que d'un serpent, rien de moins. Un de ces serpents visqueux et interminables qui s'enroulent autour de vos membres alors que vous dormez sans inquiétude, et qui peuvent aller jusqu'à vous étouffer progressivement dans leurs anneaux. Elle poussa un cri d'épouvante, et Saliaumbea ramena le sexe à lui comme s'il retirait promptement un cordage dans une manœuvre difficile.

Un peu plus tard, ne pouvant résister à une nouvelle impulsion un peu diabolique, il renvoya le sexe vers elle, mais Sina le repoussa de toutes ses forces, le pinça, le mordit, le rejeta quand il tentait de s'aventurer dieu sait où. Elle eut cette fois l'intuition puis la certitude qu'il ne s'agissait pas vraiment d'un serpent. Ou alors, d'un serpent tout à fait inédit. La chose sinuait comme un reptile, mais, à la place d'une tête triangulaire, elle dardait un bout plutôt arrondi, humide et rosâtre. Ce serpent-là n'était pas vraiment agressif mais avait tout de même quelque chose d'obstiné. Le manège d'agaceries dura jusqu'au matin. D'abord affolée et glacée jusqu'au sang, Sina s'était accoutumée à la chose et avait apprivoisé sa peur avec un naturel extrême. À la fin, elle s'en trouvait amusée et cajolait ce serpent qui n'en était pas un d'un geste vite devenu familier.

Lorsque l'aube bleuâtre se leva sur la mangrove, Sina entraîna Saliaumbea jusqu'à la mer. Arrivés sur la plage, elle lui commanda d'ôter sa ceinture. En pleine lumière, la « chose » était moins effroyable à voir. Il déroula son sexe, sans trop savoir s'il devait en être fier ou confus. Sina le tira par l'extrémité, prit un couteau de bambou et trancha des morceaux jusqu'à ce qu'il lui parût avoir une longueur aussi raisonnable que satisfaisante. « C'est bien, dit-elle d'une voix engageante, maintenant tu es un homme. Il n'y a plus d'obstacle à ce que nous couchions ensemble. » Et ils retournèrent à la maison pour se livrer à la plus voluptueuse des activités.

Les morceaux du sexe de Saliaumbea, restés sur les récifs, se transformèrent en holothuries, ces petits animaux marins à symétrie rayonnante, munis de ventouses et de papilles très rétractiles.

Selon les légendes de l'origine
des îles Makura,
dans les Nouvelles-Hébrides.

L'invitation à vivre

Ce fut en ce premier matin, le premier matin de tous les matins du monde, que Qat, le dieu de Mélanésie, choisit de créer l'homme et la femme.

Il modela l'homme avec de l'argile, insérant des tiges de dragonnier en guise d'articulations.

Il tressa la femme avec des fibres végétales, recouvrant le tout de spathes de sagoutier, bractées en forme de sac, de gousse et de cornet, qui préfiguraient les organes féconds de la femme.

Cela étant fait, il ne lui restait plus qu'à les inviter à vivre.

Qat s'approcha avec un tambour.

Frappant la peau, il commença d'éveiller les battements du cœur. Il frappait en cadence et le cœur recevait les sons dans sa cavité. Le cœur se contracta, un coup creux, un coup plein, jusqu'à battre en écho, et continuer de battre par lui-même, dans sa propre résonance.

Qat prit ensuite un roseau percé. D'une seule note prolongée à l'infini, il éveilla leur respiration. Mais ce n'était pas encore assez.

Alors, s'accompagnant du tambour et du roseau, Qat se mit à danser.

L'homme et la femme avaient écarquillé les yeux. Ils restaient sans bouger, se tenant par la main, à l'écoute de leurs propres battements. Une allégresse leur montait dans l'âme. Ils se levèrent dans les lacis de la flûte de roseau. Le tambour leur imprimait ses rythmes. Alors, cédant à leur plus profonde envie, l'homme et la femme entrèrent dans la danse du monde.

Selon les légendes de la création
dans les îles Banks de Mélanésie.

TABLE DES MATIÈRES

I. HISTOIRES DU PLAISIR D'EXISTER

II. FÊTES, FUREURS ET PASSIONS

III. LES MATINS DU MONDE

Composition réalisée
par S.C.C.M. - Paris XIIe.

Cet ouvrage a été reproduit
et achevé d'imprimer sur Roto-Page
par l'Imprimerie Floch à Mayenne
en décembre 1996

Imprimé en France
Dépôt légal : décembre 1996
N° d'édition : 37227/01 — N° d'impression : 40589